車いすの一級建築士が教える

ほんとうのバリアフリー建築

トータルバリアフリーコーディネーター・
一級建築士
阿部一雄

講談社エディトリアル

車いすの一級建築士が教える

ほんとうのバリアフリー建築

トータルバリアフリーコーディネーター・
一級建築士
阿部一雄

講談社エディトリアル

はじめに

私が「車いすの一級建築士」として、一般住宅だけでなくバリアフリー住宅・施設の設計を手掛けるようになったのは、遡ること19年前のこと。すべては私自身が２００２年にバイクレース中の転倒事故で脊髄を損傷し、車いす生活になったことから始まりました。

当時の私は37歳。１９０５年に愛知県名古屋市で創業した歴史ある工務店・阿部建設の５代目後継者として多くのスタッフや職人たちを束ね、オーダーメイドの木の家づくりに勤しんでいました。

懸命なリハビリを経て社会復帰を果たした直後にまず驚いたのは、この世の中には「建前のバリアフリー」としか思えない粗雑な設計が多く存在していることです。

バリアフリー建築の設計では、障がい者・高齢者が社会生活を送る上で障壁（バリア）となるものを取り除く（フリーにする）ために、床の段差を解消したり、手すりを設置したりとさまざまな工夫を凝らします。

しかしながらスロープの勾配をどれくらいにするのか、手すりをどの位置に設置するのかといった細かいデザインは、利用者の身体状態や生活スタイルによって千差万別。数cmの違いで使い勝手が大きく変わるため、本来ならば一つひとつカスタマイズする必要があります。

この意味でバリアフリー住宅は、まさに「究極のオーダーメイド住宅」と言えるでしょう。しかし、この視点を持った建築士は現在のところほとんど見受けられません。

また、バリアフリー新法などの法律が定めているのは、障がい者・高齢者の安全を守るための〝最低条件〟であって、「ここまで施せば、身体が不自由な人であっても快適に暮らせる」という明確な基準を示すものではありません。

その結果、不勉強な設計者に言われるまま不必要な設備を取り入れて費用がかさむ、混乱したご家族が使い勝手を考慮せずに急いで工事をお願いしてしまう、要介護者の生活を優先するあまり家族の人生が犠牲になってしまう、といったことが起こります。

世間一般では目に見える段差を解消し、手すりを設置すれば「バリアフリー」だと見なされます。しかし私自身が車いす生活になり、この約20年間で350人を超える多くのご依頼主とやり取りする中で確信したのは、「〝物理的なバリア〟を取り除くだけでは真のバリアフリーとは言えない」ということでした。

第一にバリアフリー住宅は、ＡＤＬ（日常生活動作）とＱＯＬ（生活の質）の双方を高める設計であるべきです。ＡＤＬはほかの人の力を借りずに起床、食事、排泄、入浴、外出時の移動といった日常生活をどれだけできるかという指標。またＱＯＬは、個人の幸福感や生きがいによって生活の質を測定する指標です。「その人らしく暮らせる家」をつくるには、これらをセットで考える必要があるのです。

これを叶えるためには、目に見えるバリアと同時に「目に見えないバリア」も取り除いていかなければなりません。そのひとつが東京パラリンピックでも話題になった「心のバリア」です。家の中に介助・介護が必要な人と、その介助・介護をする人がいる場合、される側は過剰な自己否定感や申し訳なさを感じ、する側は緊張感から一時も解放されないという状況が起こりがちです。その結果、知らぬ間にお互いの心の中に壁が築かれ、いつしか意思疎通ができなくなってしまうのです。これでは家づくりにおける本音やニーズを引き出すことができず、まさに「名目だけのバリアフリー住宅」となってしまいます。

家とは、ご家族全員の暮らしのベースとなるかけがえのない空間です。「このままではいけない」と危機感を覚えた私は、自ら「バリアフリーコーディネーター」と称し、障がい者・高齢者とそのご家族のためにあらゆる情報を整理し、不満や不安、不便のない家づくりを提案する「調整役」として活動することを決意したのです。

本書にはバリアフリーコーディネーターの視点から、バリアフリー建築を建てるにあたって押さえるべきポイントや、取り入れることで人生の選択肢が広がる工夫をまとめました。健常者と障がい者、その双方の生活を経験したからこそ得られたさまざまな知識が、現在悩みを抱えている方々の助けになればと願ってやみません。

家づくりにおいてバリアフリーの質が向上すれば、障がい者・高齢者とご家族の生活はもとより、人生までもがより良い方向へと動きます。私たちが求めているのは、要介護者だけでなくご家族全員が、未来に向かって不安ではなく「夢」を抱いて生きられる住まいなのではないでしょうか。

世界でも有数の少子高齢化社会である日本において、すでにバリアフリー建築は障がい者・高齢者とそのご家族だけのものではありません。人生100年時代だからこそ、いつ介助・介護される側になっても、する側になっても良いように、早めのバリアフリー化で備えていく。その必要性が高まっていることからも、ひとりでも多くの方にバリアフリー建築の快適性と可能性をお伝えできればと思います。

第3章 バリアフリー住宅・施設の最新実例集

第4章 車いす建築士が誕生するまで

第5章 バリアフリーの「今」と「これから」

第1章

なぜバリアフリーコーディネーターが必要なのか

バリアフリーコーディネーターの役割とは

「バリアフリーコーディネーター」とは、バリアフリー住宅・施設の新築やリフォームを希望する方々の相談に応じ、「安心・安全・快適」な住まいを提案するアドバイザーです。医師、理学療法士（PT）、作業療法士（OT）、ケアマネージャー、介護ヘルパー、介護機器提供者といった医療関係者からの情報を取り入れながら、新築・リフォームのための調整やアドバイスを行います。

現在、バリアフリー建築を必要とする人の多くは、身体に不自由さを持つ障がい者や、加齢により身体機能が低下した高齢者です。その多くが他者からの支援を受けながら日常生活を送っているため、その住まいは障がい者・高齢者にはもちろん、その介助・介護をするご家族や介護ヘルパーにとっても快適で居心地の良い空間でなければなりません。

バリアフリー住宅の規模や仕様によって条件が異なるため一概には言えませんが、介護・バリアフリーのためのリフォームには介護保険制度の補助金（20万円を上限に自己負担金1～3割で工事を行える）に加え、自治体が支給する補助金制度を併用できるケースもあります。

しかしながら、自己資金を持っていたとしても「老後、あとどれくらいお金が必要になるか分からない」と経済的な不安を抱えている方も多く、施工内容やそれによって得られる効果よりも施工費用を優先してしまう、差し迫った事情があるにもかかわらず工事自体をあきらめてしまうといったことも珍しくありません。

住まいに限らず意思決定には、情報を収集・分析し、選択肢を洗い出したのちに判断するというプロセスがありますが、これらすべてをひとりでこなすのは極めて難しいと言えるでしょう。施工に際しても周囲のフォローが必要です。

また事故や病気などにより突然障がいを持った中途障がい者の場合は、退院後に日常生活を送れるよう、リハビリ中から自宅のバリアフリー化に向けての準備を始めなければいけません。しかし、そうした方の多くは身体だけでなく心にも傷を負っており、混乱のさなかにいます。病状も安定していないため、退院後に自分が自宅でどのような生活を送るのか、想像できない方がほとんどです。

その結果、周囲に頼ることになりますが、実は障がいを負ったご本人以上にご家族の方が混乱しているケースも多いのです。退院までの数カ月間、ご本人は病院にいて、リハビリをしたり考えたりする時間があります。しかしご家族は、入院直後から追い立てられる

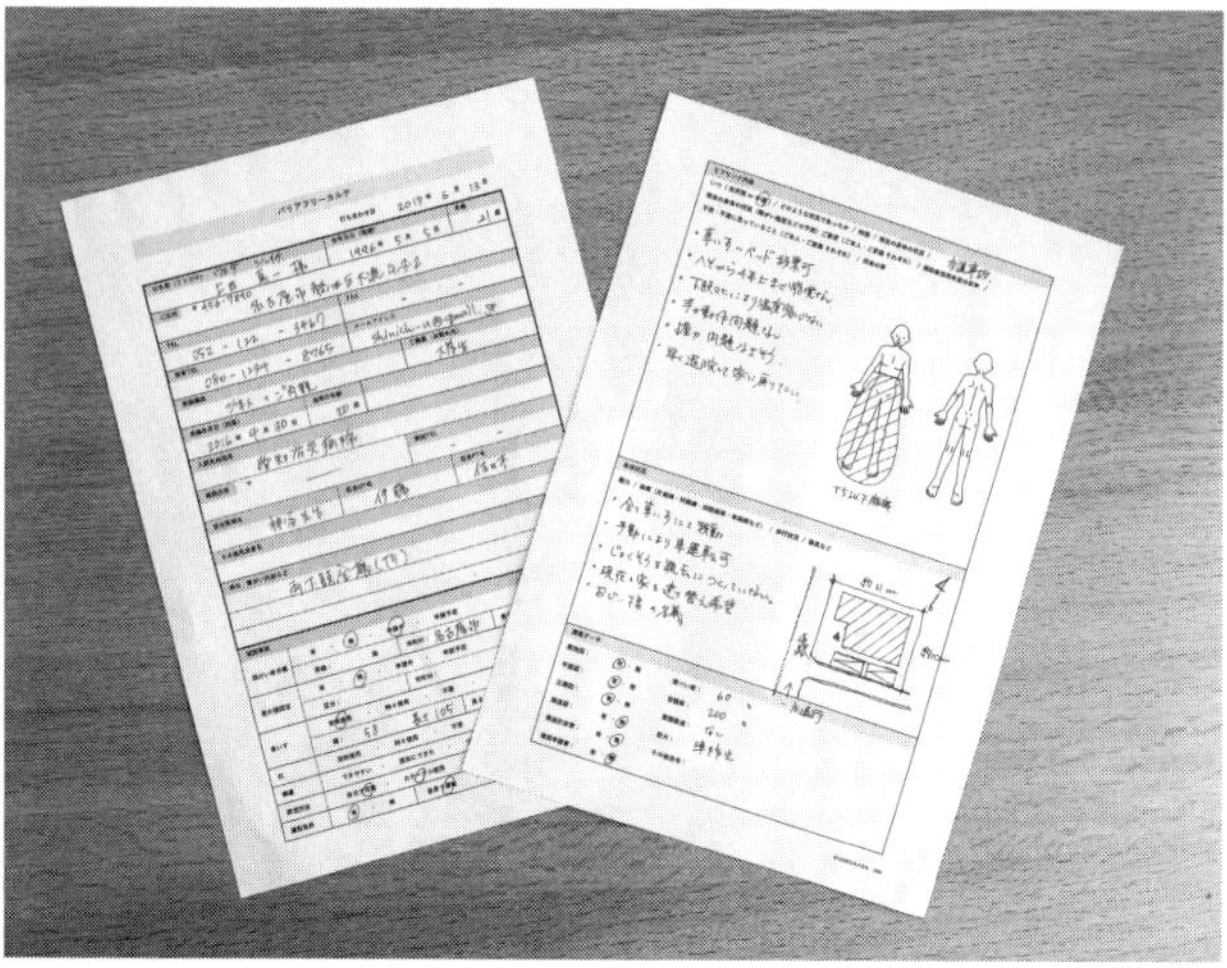

バリアフリーカルテ

ようにして病院関係者や行政、介護事業者、親族や友人、職場関係に至るまで多くの人に接し、さまざまな情報を提供されます。その中には安全面を重視するあまり、ご本人やご家族の生活の質を落とす情報も含まれています。

そこで出番となるのが、調整役であるバリアフリーコーディネーターです。私が混乱しているご本人やご家族に代わってまずはすべての情報を整理し、それぞれが今後やりたいことや理想とする暮らしについて、バリアフリーカルテ（住まう人の障がいの状況などを記録するために用意しているもの）などを用いながらじっくりお話をうかがいます。

その後、将来的に身体状況が変わったらど

障がい者とその周辺の関係性を示した概念図

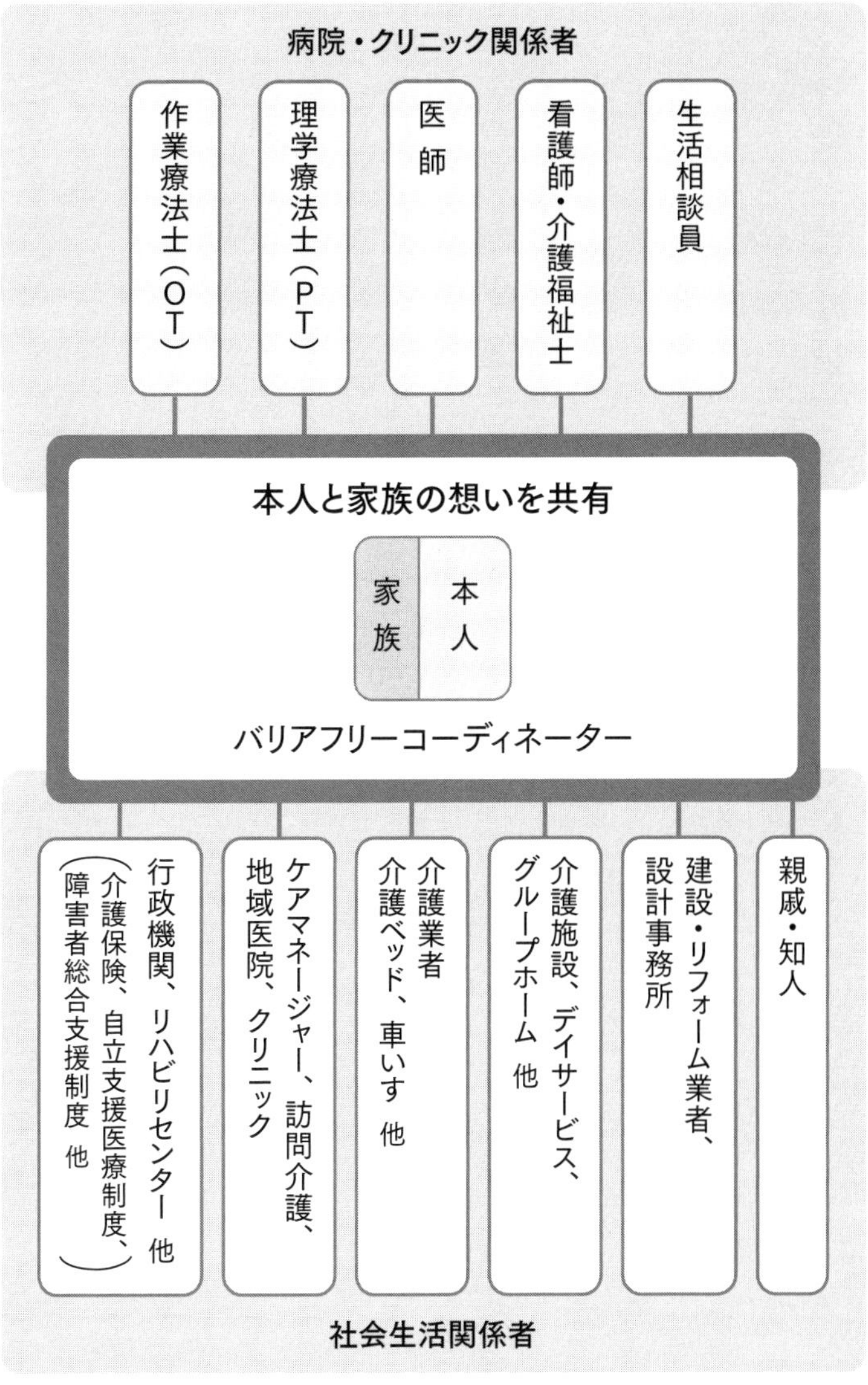
病院・クリニック関係者
作業療法士（OT）
理学療法士（PT）
医師
看護師・介護福祉士
生活相談員
本人と家族の想いを共有
家族
本人
バリアフリーコーディネーター
行政機関、リハビリセンター 他
（介護保険、自立支援医療制度、障害者総合支援制度 他）
ケアマネージャー、訪問介護、地域医院、クリニック
介護業者
介護ベッド、車いす 他
介護施設、デイサービス、グループホーム 他
建設・リフォーム業者、設計事務所
親戚・知人
社会生活関係者

うするかまで踏まえながら、これからの暮らしを支える家を提案。同時に、バリアフリー住宅の新築・リフォームに関わる行政サービスにはどのようなものがあり、どの補助金を申請すれば良いのか、申請したらいつ頃交付されるのかといった情報も提供します。

また、交通事故によって障がいを負われた方やご家族が保険会社と示談交渉をしたり、住宅ローンを組んだりする際に必要な書類の作成を請け負うなど、資金調達のサポートも行います。

まずは障がい者・高齢者の「心のバリア」と向き合う

私の家づくりは、バリアフリーを必要としている障がい者・高齢者と、そのご家族のお話をじっくりうかがうことから始まります。どちらと先に会うかは状況や相談内容によって判断し、障がい者・高齢者ご本人が入院中の場合はこちらが出向いて病室でヒアリングを行います。

お会いして必ず行うのが、身体能力についての調査です。例えば杖をつけば歩けるか、それともスプーンすら持てないかでは求められるものが大きく異なるからです。

具体的には握手をして身体の動きを予測したり、指や腕の動きを注意深く観察したりすることで、どの程度身体を動かせるのかを判断します。その上でご本人がこれからどんな風に暮らしていきたいかを話し合い、それを実現するためにはどんな家がいいのかを、バリアフリーの専門家の視点で提案するというのが基本的な流れです。

事故や病気などで障がいを負うと、ほとんどの方が「これまで通りの生活ができなくなる」と悲観的になりますが、住まいを適切に整えればそのような心配は無用です。ですから私は、ご依頼主に会ったらまず「これまでと同じ生活が送れるように、できる限りのことをしますからね」とお声をかけることにしています。

それと同時にご家族にも、どのような生活を送っているのか確認します。病気療養と異なり、障がい者・高齢者の介助・介護は長期にわたることがほとんどです。よって、ご家族の誰かが付きっきりでお世話するのか、介護ヘルパーによる訪問介護が中心なのか、仕事を持っている場合は何時に家を出て何時に帰ってくるかなどを考慮して、ご家族の生活スタイルに合わせた設計をすることが日々の負担軽減に直結するのです。

みなさんのご希望が把握できたら、改めてご本人とご家族との確認の場を設けます。ここでは、ご家族間で意見がまったく食い違っていることに気づいたり、ご本人とご家族が「そんなこと考えてたの！」と驚き合ったりすることもしばしば。時には将来のことを話すうちに、それぞれが心に秘めた葛藤や不安な気持ちを涙ながらに明かしてくれることも少なくありません。

私も受障直後は不安と苦しみにさいなまれ、ひとり真っ暗闇に放り出されたような毎日を送っていました。それゆえ、このような場面に遭遇するとあの苦悩の日々が昨日のことのように思い出され、決して他人事とは思えません。

それと同時に、障がい者・高齢者ご本人に心を開いていただく＝「心のバリアをフリーにする」ことは、バリアフリー住宅をつくる上で大きな足掛かりともなります。この「心のバリアをフリーにする」とは、バリアフリー建築において私が提唱している考え方のひとつです。

生まれた時から障がいを持つ先天性障がい者は、障がい自体を受容し、自身の身体を理解した上で生活している方がほとんどです。しかし、事故や病気が原因で中途障がい者となった方は、ある日突然起きた身体的変化に対応するのが難しく、障がい自体を受け入れるのに時間を要することから、心を閉ざしてしまうことも多いのです。

それと同時に、ご家族や周囲に対して「申し訳ない」「金銭的に負担をかけたくない」「もう放っておいてほしい」といった引け目や自己否定感などを抱くことで、心の負担はますます膨らんでいきます。これが目には見えない「心のバリア」となって立ちはだかり、「本当は手助けしてほしい」といった本音を覆い隠してしまうのです。

過去に相談を受けた中で、とても印象に残っているご家族のやり取りがあります。そのご家族は当時27歳の会社員のご主人と奥様、未就学児2人の4人暮らし。相談に来る1年前にご主人が事故で脊髄損傷を負ったため、退院後の生活に向けてご自宅をバリアフリーリフォームしたいとのことでした。

初めてご夫婦とお会いした時、私がまず確認したのは「障がいを受容されているかどうか」。これにご主人は「事故後2~3カ月は毎晩涙が出ましたが、最近やっと吹っ切れました」と答えました。それを聞いて「ようやく受容できたんだな」と思った矢先、隣にいた奥様の口から「そんなこと、私は全然知らなかった!」と思いがけないひと言が飛び出したのです。改めてご主人に話を聞いてみたところ、「妻には言えなかったけど、事故からしばらくは本当に悔しくてつらかった」とのこと。

これを聞いて私は、人が障がいを負った時、一番身近な家族ですらもその心情を察することは難しく、受傷したご本人は相手が家族だからこそ弱さや本音を隠してしまうという現実を改めて実感したのです。

「バリア」は家族の心の中にも

ご家族も、突然障がいを負った当事者とどのように向き合い、生活していけばいいのか分からず苦悩しています。実際に私も事故から2年程経ってから、「車いすのお父さんなんて恥ずかしいから」という理由で、子どもたちから授業参観に出席するのを反対されました。この時初めて、これだけ時が経っても家族は自分の障がいを受容できずにいることを知り、大きなショックを受けたことを覚えています。

障がい者となったご本人は苦悩しながらも、自身の身体回復と家族の負担軽減のために、懸命にリハビリに取り組みます。その一方でご家族は、「一番つらいのは本人なんだ」と本音を押し殺し、気丈に振る舞います。その結果、家族という間柄であるにもかかわらず過度の気遣いや遠慮が生じ、双方の心にどんどん見えない不満が蓄積されてしまうのです。

本音を引き出し「心のバリアフリー」を生む

「心のバリア」とは、つまり「潜在的な不満」です。これは障がい者・高齢者のみならず、周囲で見守るご家族にも生じることを忘れてはいけません。そのため、バリアフリー住宅をつくるにあたって「心のバリアフリー」を実現させるには、障がい者・高齢者とご家族の双方とじっくり話し合い、本音に耳を傾けることが必要不可欠です。

「身体の不自由さをどう考えている？」「どんな生活がしたい？」「将来の目標は？」などのさまざまな質問を投げかけながら、双方が心に秘めた葛藤や気持ちを引き出していく。それを積み重ねることで、次第に「この人なら分かってくれる」「言いたいことが伝わっている」という信頼関係が築かれ、心を開いてくれるようになります。

また、バリアフリーコーディネーターである私が仲介役となって家づくりを進めることで、家族の会話が増え、それぞれの希望を出し合えるようになることも家族の関係に良い影響をもたらします。なぜなら、家族間の風通しが良いことも心のバリアフリーだからです。

これらを考慮せず、段差解消や手すりの取り付けといった「形だけのバリアフリー」を行ってしまうと、のちのち家族の間には大きなひずみが生じ、真のバリアフリー住宅とは言い難い空間となってしまいます。

床の段差といった物質的なバリアを取り除く前に、まずは「心のバリア」をフリーにしていく。そうして初めて、ご家族全員が気兼ねせずに心地良く暮らせる住まいが提案できるのです。

聞き取りから図面ができあがるまで

障がい者・高齢者ご本人とご家族のヒアリング後は、現在のご自宅や新築予定の敷地に足を運び、現地調査を行います。リフォームの場合はヒアリングと現地調査を同時進行で進めるケースもありますが、住まいにはご本人でなければ分からない改善点が多くあるため、できるだけ全員揃ってこれまでの暮らし方や生活動線、それに基づく不満や要望などの細かな部分を、実際の住まいや建設予定地で確認するのが理想的です。

またご希望があれば、実際のバリアフリー住宅を体験することもできます。現在、阿部建設にはバリアフリーの本社ショールームとふたつのモデルハウスがあり、なかにはご家族全員で宿泊体験できるモデルハウスもあります。その他、実際に建てたバリアフリー住宅をご案内することもできます。これらに足を運ぶことは、日々進化しているトイレ設備や入浴用品といった介助機器を試す良い機会ともなり、将来への安心感にもつながるはずです。

その後、ご家族全員の要望と、敷地や建物など法的な面も含めた基本計画がまとまったら、できるだけ早い段階で医療関係者と面談します。ここでの目的は、「ご本人とご家族が考えていることが、医療的な側面から見て可能なのか」を確認すること。作業療法士を中心に、医師やケースワーカー、理学療法士、ケアマネージャーなどから助言をもらいながら、基本計画をブラッシュアップします。

医療関係者との面談後には新築・リフォームの規模が決まり、必要な介助器具や設備なども絞られてきます。それに伴い、補助金や役所への申請を行うのもこの時期です。バリアフリー関連の補助金としては主に「介護保険による住宅改修補助金」と「障害者住宅改造補助金」があります（ただし、どちらも改修対象の補助金制度であるため、新築には適用されない場合がほとんどです）。

また事故や病気などで障がいを負った場合、保険会社との示談交渉が必要となるため、住宅に必要な介助機能や予算を提示し、保険金の折衝に必要な理由書などの資料を作成。しかし、交渉がうまく進まない場合は弁護士を入れて裁判へと発展することも多く、解決に至るまで数カ月、長いと4、5年程度かかることも少なくありません。

数年にわたる裁判期間を待つ間も、障がいや加齢に伴う身体的・精神的負担は増幅し、何も手を打たないとその後の生活再建が遅れてしまうケースもあります。それを防ぐため、一時的に住宅ローンを組んで家づくりを進めるためのサポートも行います。

これらの業務は一般的な建築士が行う設計業務とは異なると思われるかもしれませんが、ここを怠るとのちのちの設計計画に大きな支障が出るため、私としては無下にはできない部分です。

すれ違う「医療現場の正解」と「患者の希望」

病院関係者との面談では、ご本人も交えてこちらが立てた基本計画について詳細に説明しますが、医療関係者に「普通ならこうするのに、なぜわざわざこのようなつくりにするのですか」となかなか理解してもらえないことも珍しくありません。

もちろん医療側は私の意見に耳を傾けてくれますが、そこで出る回答のほとんどは「これはできる」「これはだめ」という杓子定規なもの。それもそのはず、彼らは医療のプロではありますが、建築のプロでも障がい当事者でもないからです。

よって、そこで最優先されるのは基本的に「安全」であり、「障がい者・高齢者とご家族にとって快適な暮らしとは何か。それを実現させるにはどうすればいいのか」というQ

OLの視点は、抜け落ちている場合がほとんどです。

私自身がこのような医療現場との齟齬《そご》を実感し、「心のバリアフリー」を提唱するきっかけになった、あるバリアフリーリフォームについてお話ししましょう。以前、静岡県にお住まいのご夫婦から、当時27歳になる息子さんが交通事故により車いす生活を余儀なくされたため、「退院後も今の自宅で生活できるよう、リフォームしてもらえないか」というご依頼をいただきました。

まずはご夫婦にお会いしたところ、「息子はこれからどうやって生きていけばいいのか」「ひとりで外出できるようになるのか」「事故による補償を受けるには、どのように請求すればいいのか」と、疑問と不安でいっぱいのご様子でした。

その後病院に移動し、自立訓練中の息子さんと対面。そこでは、ご両親にうかがった内容を踏まえていろいろなお話をしながら、実際にはどの程度動けるのかを検証しました。その結果、私は「歩けないだけで、きっと健常者と変わらない生活を送ることができるのでは」と予測。車いす生活者でも運転できる車があることや、私の経験に基づいた社会復帰に向けてのアドバイスをお伝えして、その日は病院をあとにしました。

この時すでに、医療側からは「1階リビングの隣にある和室を息子さんの居室に変更し、水まわりの設備もすべて入れ替えてはどうか」という改修案が示されていましたが、これらの提案に対しご夫婦はふたつの不安を抱えていました。

ひとつ目は、リビングの使い勝手への影響です。奥様は週に2回程度、自宅で料理教室を開いていることから、「昼間生徒さんが来た時に、お互いが気を遣うことにならないだろうか」と不安に思われているご様子でした。

リビングの物音や話し声は隣の部屋に届きますし、息子さんが友人を家に招き入れることも難しくなります。しかし奥様は、車いす生活になる息子にとっては病院の言う通りにするのが最善だろうと、不安な気持ちをひた隠しにしていたのでした。

ふたつ目は、水まわり設備の入れ替えにかかる費用の問題です。医療側の想定では、「1階の浴室、トイレ、洗濯機置き場、洗面台のすべてが狭くて、車いすでは使えない」とのことでした。そうなると工事中に仮住まいへ引っ越す必要も出てくるため、多額の費用がかかります。これにはご夫婦も困惑していました。

何が必要で、何が不要か

実際にご自宅を拝見したところ、2階にある息子さんの居室に改修の余地があることが分かりました。そこで私は「このクローゼットの一部を使い、ホームエレベーターを設置しましょう。そうすれば車いすであっても楽に2階まで戻って来られますよ」と提案。肝心の息子さんご本人に話をすると、「2階の自分の部屋に戻る方法があるの？　戻れるのなら戻りたい！」と即答でした。

問題となっている水まわりは、私が実際に車いすで走ってみながら現状の寸法や使い勝手を確認することに。まず浴室と洗面所の間に段差はなく、すんなり車いすで入ることができました。また、病院からは邪魔になると指摘された洗濯機も問題ないと判断。トイレもそのまま使えることが分かり、最終的には洗面台を5㎝程度上げる工事だけ行えば良いという結論になりました。

さっそく改修案を医療側へ提出し、作業療法士や理学療法士などに意見を仰いだところ、すぐに電話で「なぜわざわざ2階に居室を設けるのですか！　火災などの災害が起きたらどうするおつもりですか？」との抗議の声が寄せられたのです。

これに対して私は、被災する可能性は0ではないが、自宅が火事になる確率は年間で1万分の1件※程度であることや、十分な耐震性も確保していることを説明。これからの長い人生、ご家族全員が遠慮しながら暮らすデメリットを考えると、息子さんの居室はこれまで通り2階にあるほうが暮らしやすいと判断した旨をお伝えしました。その後、改めてご家族全員にメリット・デメリットを伝えた上で総合的に判断してもらった結果、私が提案した改修案で進めることが最善であるとの考えに至りました。

リフォームから12~13年経った現在も、手を加えた部分はなく、ご家族は毎日を快適に暮らしています。今でも奥様は料理教室を続けていますし、息子さんも元気に社会復帰を果たされました。

のちにお話をうかがったところ、3人とも「あの時、病院からの提案に従ってリフォームしていたら、とても今の生活はできなかった」とのこと。その言葉を聞いた時、バリアフリーコーディネーターとして快適な暮らしづくりのお手伝いができたことを実感し、安堵したと同時に「車いすの自分だからこそつくれる家があるはずだ」と決意を新たにしたのを覚えています。

※「平成30年住宅・土地統計調査」消防庁防災情報室「平成30年における火災の状況(確定値)」より

バリアフリー住宅も「家族みんな」のもの

もちろん、バリアフリー住宅においては、一般の住宅以上に事故や災害を想定した設計

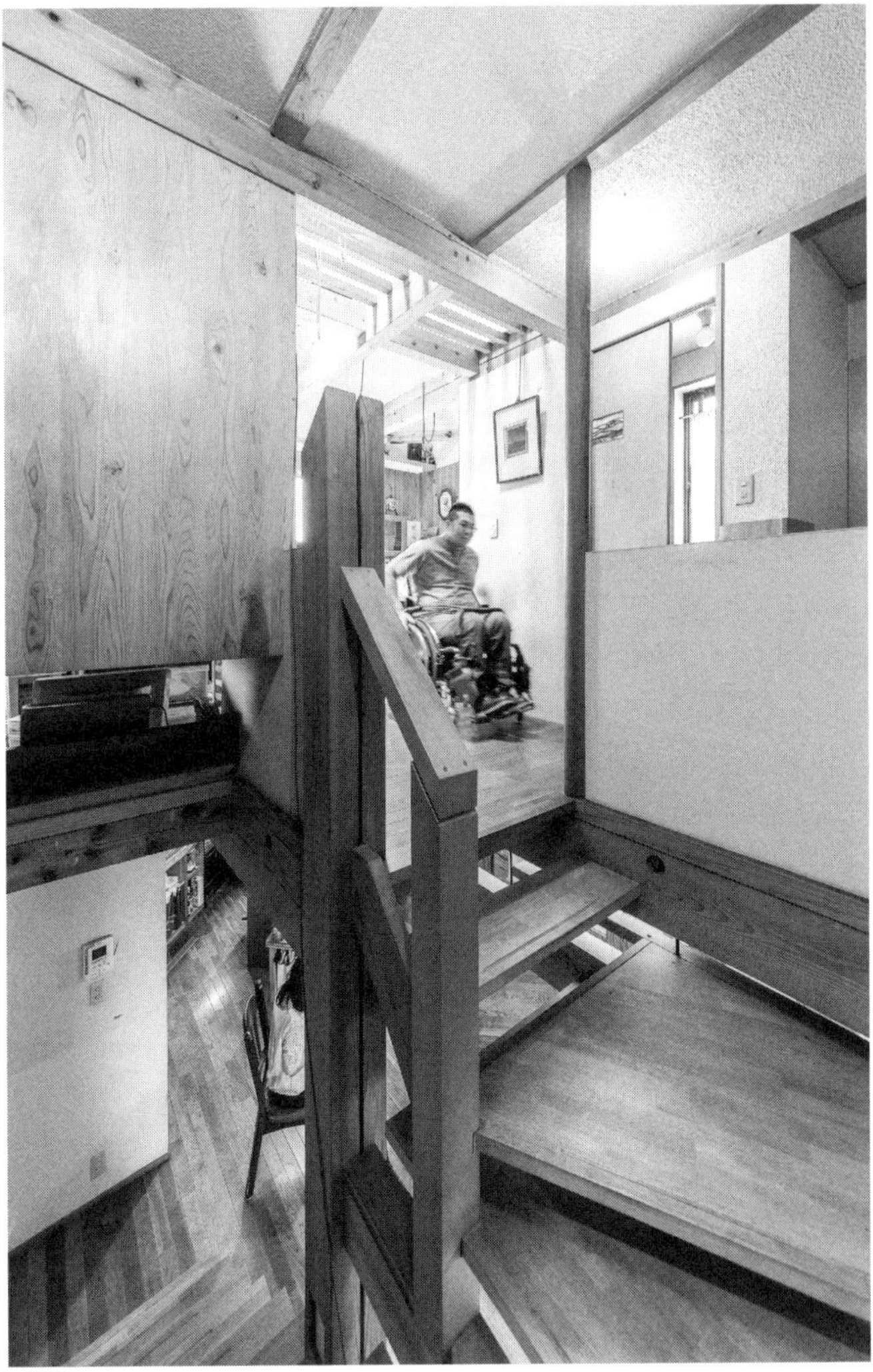

エレベーターの設置でこれまで通りの日常が可能に

を行うべきです。それを踏まえて阿部建設では、バリアフリー住宅はもちろん、一般住宅に関しても制震ダンパーを標準とし、耐震＋制震で長期優良住宅が求める性能（住宅性能表示制度で耐震等級3）をクリアする非常に高い耐震性を備えています。

しかし「備え」とは、考えれば考えるほどきりがないものでもあります。特に障がい者の場合は、行き着くところ日常生活すべてがリスクになり、「それなら病院にいたほうが安心だから、ずっと入院していなさい」という結論になってしまいます。何よりも私は居室を2階に残した前述のリフォームで、「安全面を重視するあまり、ＡＤＬとＱＯＬが損なわれるようなことは決してあってはならない」と強く実感しました。

バリアフリーコーディネーターとして大切なのは、災害にはきちんと備えながらも、「こうでなければいけない」という思い込みによって隠れてしまった障がい者・高齢者とご家族それぞれの遠慮や不安といった「心のバリア」を見つけて取り除くこと。そして、ご家族全員にとっての快適な暮らしとは何かを考え、それを周囲の人々に伝える「通訳」でなければいけないということです。

バリアフリー住宅は、家族それぞれが互いに潜在的な不満を抱え、それを口に出せないまま暮らさなくてはいけない住まいであってはいけません。なぜなら毎日の不満が生み出す心のバリアが、当事者の障がい者・高齢者もご家族も不幸にするからです。

身体が不自由になった直後は「大切な家族のためにできることなら何でもしよう」と思ったご家族でも、それが日常になり、手間と時間が必要となると、時には面倒だと感じることもあります。それゆえ、お互いが鬱屈した想いを抱くこともあるでしょう。この状態が長く続くと、遅かれ早かれ家族は壊れてしまいます。それを防ぐのに最も役立つのが、日々の介助・介護の負担を減らす適切な設備投資や、間取りなどの細やかな工夫なのです。

また、建築士と車いす生活者のふたつの視点から設備の要・不要を見極め、無駄なお金を使わせないということも私の役割です。例えば、外用と室内用で車いすを乗り換えられるならば段差を残すという選択肢も残しておく、それほど使い勝手が改善しないならば無理に風呂場を改装せずにデイサービスを利用するといった発想の転換で、費用を抑えることができます。

将来を見据えたバリアフリー化の必要性

以前、糖尿病で片足を切断した50代の男性に、「自宅の離れをバリアフリー化してキッチンをつくり、そこで自活できるようにしませんか」と提案したことがあります。しかしその方は、「80代でもまだまだ元気な母が母屋で3食用意してくれますし、そんな大規模な改修は必要ないです。段差昇降機がひとつあればいい」と聞く耳を持ってくれませんでした。

確かに当時は、そのままでも不都合はなかったのでしょう。しかし、その方もお母さんも着実に歳を取ります。またその方の主治医によると、「数年後にはもう片足も切断し、完全な車いす生活になる可能性も高いです」とのことでした。そうなった場合、これまで通り日常生活を送るのはかなり難しくなるはずです。

このようにバリアフリー建築では、10年先、20年先に障がい者・高齢者の身体能力がどうなっているかを考えた上で、「どの場所に」「どのような設備を」「どう取り入れるか」を提案する必要があります。例えば、手すりなどは年齢とともに使いやすい高さが変わることもあるため、手すりを設置するための下地を壁面にあえて大きく入れ、付け替えに備えておく場合もあります。これが、住まいを身体の状態に合わせて変えていく「段階的バリアフリー」仕様です。

また、日々の体調に揺らぎがある方の場合は、段差のある玄関にスロープではなく段差昇降機を設置し、場合によっては車いす専用玄関も設けることをおすすめしています。たった数mのスロープであっても、体調が優れない時や天気が悪い時にご自身で上るのは大変です。このような経験が積み重なると、だんだん外出が億劫になってしまうかもしれません。

その一方で、できる限りご自身が持つ力を生かして暮らせる設計も必要です。これは、バリアフリー化することで、かえって今ある身体能力や行動能力を衰えさせるようなことがあってはならないと思うからです。

したがって十分に体力がある方や、車いすをバランス良く操作できる身体能力を持つ方ならば、あえて数cmの段差を残すこともあります。こうすることで日常生活のために必要な筋力が自然と保たれ、健康維持につながるからです。将来の身体の変化までを考えて、的確な提案をすることも、バリアフリーコーディネーターである私に求められる重要な役割です。

施設建築でも活躍するバリアフリーコーディネーター

阿部建設では個人住宅のほかに、社会福祉施設などの施設建築も手掛けています。

個人住宅と施設建築の大きな違いは、利用者の人数と規模です。例えば利用者が重症心身障がい児の場合、医療的ケアの有無にかかわらず療育には1対1の人員配置が必要であるため、利用者が10人ならば最低でも8〜10人の介護職員が常時付き添いや見守りを行います。それを踏まえず、単に利用者の数や法的基準だけを見て設計を行ってしまうと、使い勝手が悪く居心地の悪い空間になってしまいます。施設のバリアフリー化にあたっては、施設ごとの特徴に合わせながらも利用者と職員双方の使いやすさを追求しなければいけません。

また、どのようなサービスを提供しているかによっても、設計が大きく変わります。例えばご家族のサポートだけでは自宅での入浴が難しい重症心身障がい児（者）にとって、施設利用時の入浴サービスは大切な役割を担っており、個人の身体状態に合わせた排泄介助も日課です。このことから、多くの時間を過ごす活動室から脱衣室、浴室、シャワー室、トイレへ移動する動線はできるだけ短く、多方向から行き来できるものであるほうが利用者と職員の負担が軽減されるといった事情があります。

加えて、火災や地震といった災害時を想定した備えも必要不可欠です。設計の際には利用者の避難方法、一時的に帰宅できなくなった時に必要となる器具やスペース、発電機や

施設建築における関係性の概念図

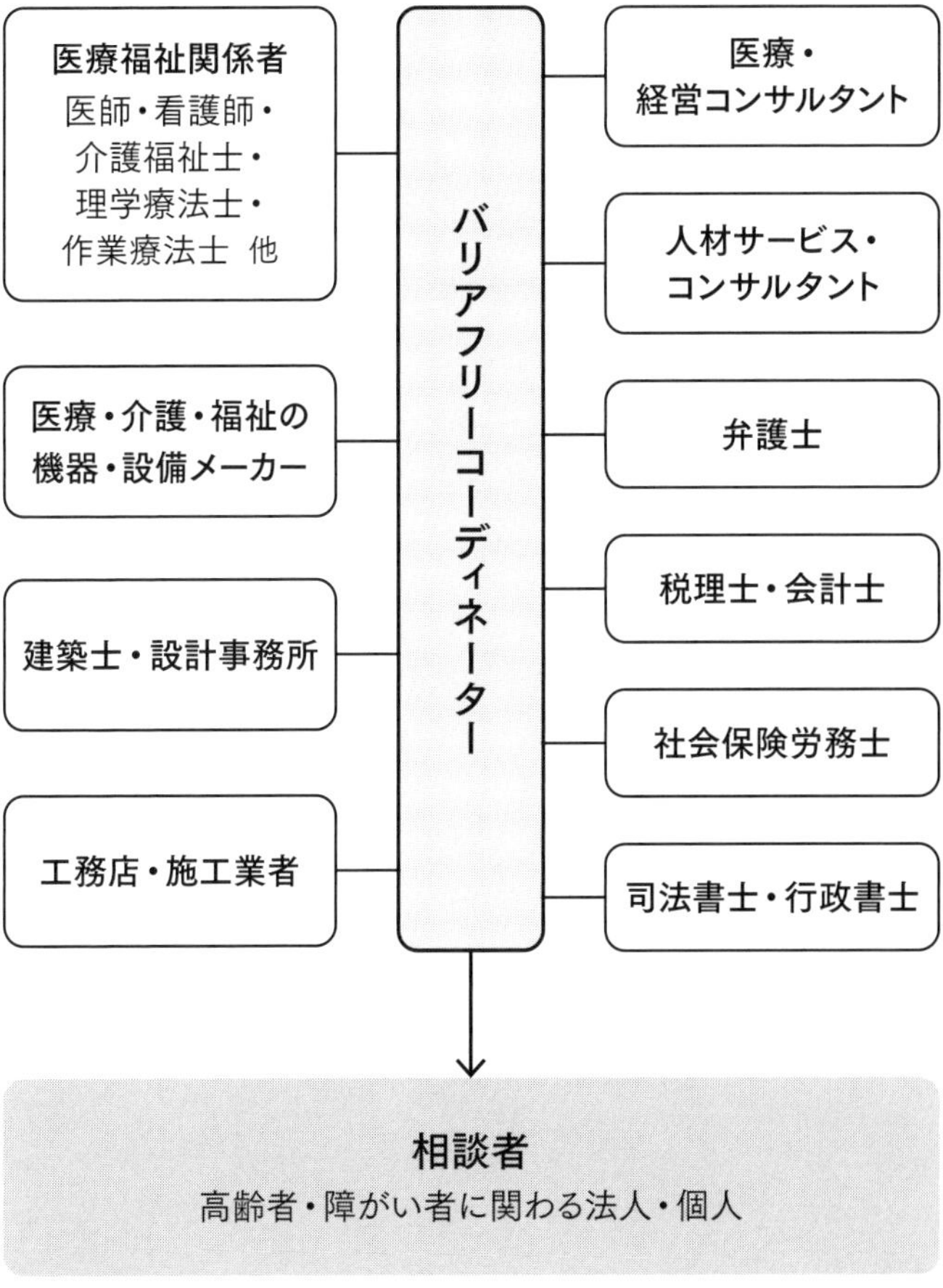
医療福祉関係者
医師・看護師・
介護福祉士・
理学療法士・
作業療法士 他
医療・介護・福祉の
機器・設備メーカー
建築士・設計事務所
工務店・施工業者
バリアフリーコーディネーター
医療・
経営コンサルタント
人材サービス・
コンサルタント
弁護士
税理士・会計士
社会保険労務士
司法書士・行政書士
相談者
高齢者・障がい者に関わる法人・個人

太陽光利用を含めたエネルギー確保などについて、専門業者を交えながら検討します。

さらに施設は、利用者や職員の変化とともに、求められるサービスも刻々と変化していきます。利用者が増える可能性はあるかなど、将来どのように展開していくかも想定し、必要に応じてあとから手を加えられるような整備を行うことも大切です。

これに限らず、バリアフリー施設にはさまざまな課題や要望があり、住宅とは異なった視点で設計・施工することが求められます。その際に、多くの専門家が関わることも一般の住宅とは異なる点と言えるでしょう。阿部建設の場合は、ここでも私が調整役となります。

第2章
バリアフリー建築のチェックポイント

①玄関

バリアがなくなればもっと外出したくなる

毎日出入りする玄関は、ご家族全員が使い勝手の良い空間にしたいもの。障がい者・高齢者も、デイサービスや通院などで外出する機会は思っている以上に多いです。

玄関まわりが不便だと障がい者・高齢者は外出が億劫になり、活動性が低下して社会参加の機会も少なくなります。生きがいや役割を持ってその人らしく活き活きと生活していくためにも、不要なバリアがあれば解消しましょう。

【駐車場〜玄関】

・駐車場に屋根をつける

車を乗り降りする際に障がい者・高齢者は、車いす・歩行器などの器具の出し入れや、乗降動作に時間がかかります。また車いす生活者が運転する場合は、車外の車いすから運転席に乗り移ってから、車いすを持ち上げて車内にしまわなくてはならず、降りる場合はその逆の手順を踏みます。その間は雨が降っていても、本人だけでなく介助者も自分で傘をさせません。

この場合、駐車スペースにカーポートを設置するか、玄関までの動線に屋根があれば雨の日でも濡れずに済みます。また、車いすの出し入れや乗降の準備に時間がかかっても、ひとりでマイペースに行えてまわりへの気兼ねが減ります。

・玄関までの段差を解消

地面から玄関までの段差をなくす手段として、最も一般的なのがスロープです。公共性のある大きな建物では、その幅や勾配の基準はバリアフリー新法で定められています（幅120cm以上、勾配1／12以下）。スロープを設置するスペースを確保できない場合や、体調が悪い日に上るのが困難な方には、代わりに段差解消機を設置することをおすすめします。

昇降機はスロープのような広い設置スペースを必要とせず、身体の負担も大幅に軽減してくれるため、コストパフォーマンスに大変優れた設備と言えるでしょう。

・玄関を分ける

スペースに余裕がある場合は、ご家族が使う玄関とは別に、車いす専用の玄関を設けるのも良いでしょう。車いすならば、出入り口に１３０cm程度の高さがあれば十分に通ることができます。

車いすの出入りのために框を外して段差をなくすと、どうしても外のゴミやホコリを室内へ持ち込みやすくなりますが、これならその心配はありません。外出のたびに出入りを補助する必要もなく、障がい者・高齢者も気兼ねなく外出できるようになります。

車いすを内外で使い分けるならば、乗り換えたり、予備の車いすや歩行器などを収納したりしておくスペースも必要になりますが、専用玄関はこの役割も果たしてくれます。家族の出入りを妨げることもありません。

【玄関内】

・玄関ドアを引き戸にし、電子錠にする

車いす生活者や高齢者にとって、一般的な開き戸は押したり引いたりして開閉する際の

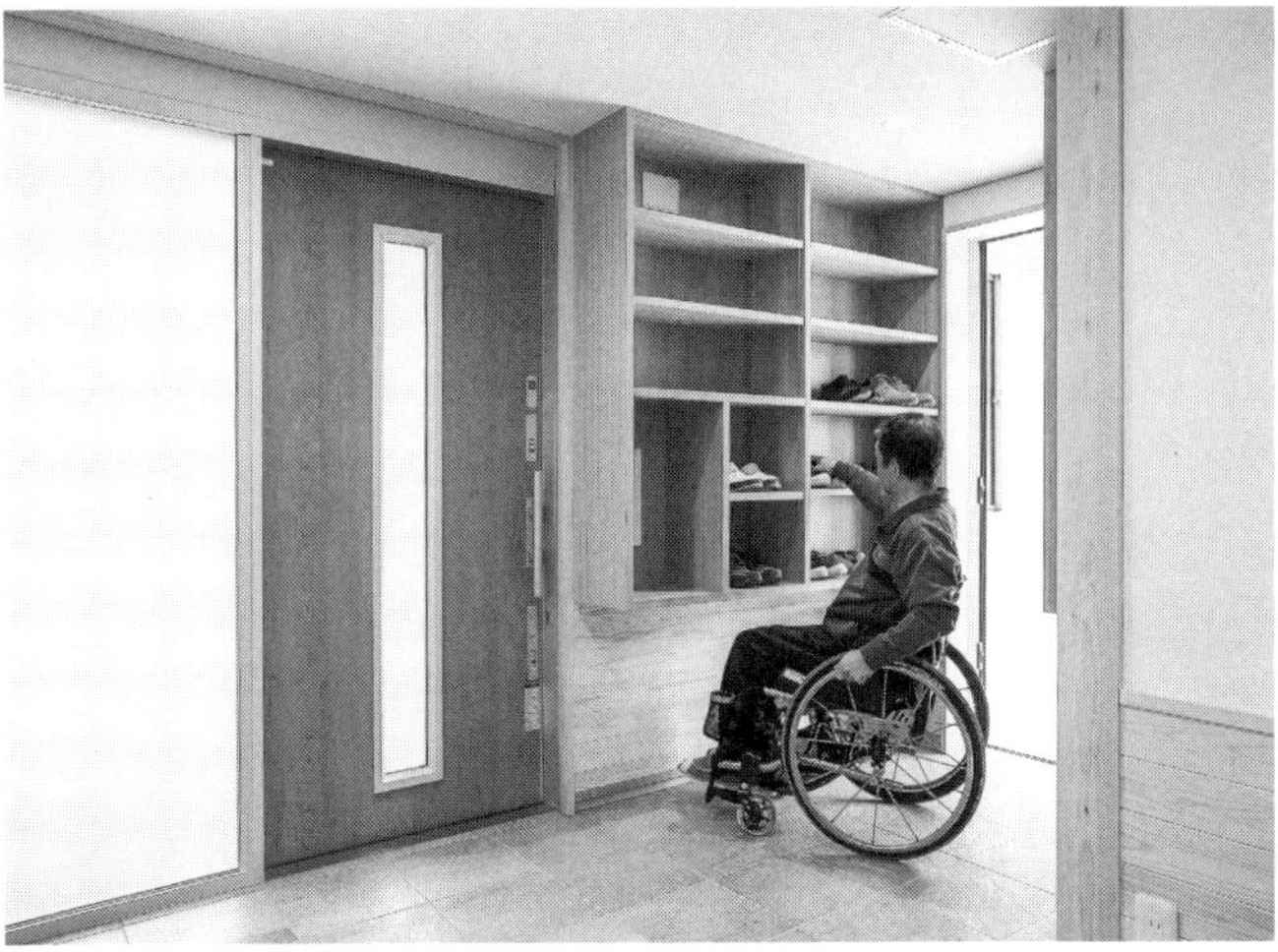

車いすでの使いやすさを考慮した快適な専用玄関

家族用とは別に車いす専用の玄関を引き戸で設置

身体の負担が大きく、バランスを崩して転倒事故につながる可能性もはらんでいます。

そのため、バリアフリー建築では引き戸をおすすめします。一般的な玄関ドアの幅は90㎝前後ですが、1m以上にまで広げられるとより安全で快適に出入りができるでしょう。またドアノブをレバーハンドルにすると、さらに負担が軽減されます。

また、玄関ドアの鍵を、カードキーやリモコンキーなどを用いる電子錠にすれば、鍵を差し込んで回すという動作が不要になり、さらに出入りがスムーズになります。

暗証番号を入力して施錠・解錠するテンキー錠や、居室でスイッチ操作できるリモコンキーを選べば、障がい者・高齢者がひとりきりで家にいる時でも介護ヘルパーや来客を招き入れることができます。

・手すりや腰掛けを設置する

バランス能力の低下した方が、玄関で靴を脱ぎ履きする際に転倒してしまう事故が多く報告されています。それを防ぐのに一般的なのが、手すりの設置です。さらに腰掛けがあれば一旦座って脱ぎ履きでき、より安全性が確保できます。設置する高さや位置は、使う人の身体状態や用途に合わせて細かく調整しながら決めてください。

・玄関収納をつける

家族全員の靴を収納できるスペースがあれば、床に障害物がなくなり、車いす生活者や高齢者でもスムーズに出入りができます。特に車いす生活者は足を傷つけないよう室内で靴を履くこともあるので、車いすでも手が届きやすい高さに靴箱を設ければストレスなく準備ができます。また、コートやバッグなどを収納できるスペースもあれば、これらに気を取られて転倒する事故も防げます。

車いす専用玄関を設けない場合は、使っていない車いすや歩行器などの収納スペースも必要です。この空間は、ご家族の動線の妨げにならない場所に設置しましょう。

【配慮すべきポイント】

スロープは上る時を想定して考えがちですが、下る時のことも考える必要があります。急な勾配のスロープは、たとえ上れたとしても下る時に車いすや歩行器が先に走ってしまい、危険な場合もあります。杖の場合も不安定となり危険ですので、私が設計する場合は急勾配のスロープはつくらないようにしています。

「介助・介護のしやすさ」も大事なポイント

バリアフリー住宅を考えるにあたり、日常生活に欠かせない水まわりは工夫のしどころが満載です。下半身が麻痺していると便意・尿意という感覚がなく、時間で管理することになるため、特にトイレは健常者よりも障がい者・高齢者の方が利用頻度の上がる場所です。場合によっては排泄に1時間以上かかりますので、長時間でも快適に、他人に気兼ねなく使える空間づくりを行います。

また、障がい者・高齢者が寝たきりだったり、排泄用具を使ったりするならば、ご家族や介護ヘルパーが介助・介護しやすいように障がい者・高齢者の居室から水まわりへの動線を確保する、水まわりの収納を増やすといった配慮も必要です。

・空間の長手方向に出入り口を設ける

トイレを上から見た時に、長辺に平行な方向に出入り口があるのが理想的。こうすることで便器まわりに介助者がしゃがみ込める幅60㎝程度のスペースができ、お世話しやすくなります。

車いす生活者は車いすから便座に乗り移る必要がありますが、車いすを便座に向かって直角につけられる配置ならば多少狭くても問題ありません。もちろん狭い空間よりも広い空間のほうが使いやすいことは間違いありませんが、必要以上に広いとかえって余分な動きが増え、冬の寒さや維持コストといった新たな問題も生じますので注意が必要です。

・身体を支えやすい位置に手すりをつける

多くのバリアフリー建築のトイレには、安全に立ち座りができるように手すりが設置されています。一般的に手すりの位置は、便器の芯から手すりの芯までの距離が35㎝、高さは65㎝程度が使いやすいと言われていますが、これはひとつの基準でしかありません。玄関同様にトイレ内の手すりについても、実際に使いやすい位置や高さは人それぞれです。よって設置する際には、トイレ内での動きを想定しながら身体のバランスがしっかり取れる位置を探ります。

最近では長時間便器に座っていられるひじ掛けや背もたれ、排泄がしやすい前傾姿勢を安定させる前方ボードなどのサポート器具もあるので、手すりと合わせて設置すると便利です。

・継ぎ目がなく清掃しやすい床材・壁材を選ぶ

バリアフリー住宅・施設におけるトイレでは、「使いやすさ」と同様に「掃除のしやすさ」も忘れてはならないポイントです。

床材には重歩行用の長尺塩ビシートといった、継ぎ目がなく水分を吸収しないものを選ぶのが良いでしょう。壁材も、床から90㎝程度までは水に強い化粧けい酸カルシウム板のものにすることをおすすめします。これらは汚れをふき取りやすく、臭いが発生しにくいため、掃除の手間が軽減されます。

・排泄器具を収納・洗浄するスペースを確保

排泄に器具を使用する場合は、それらを収納しておく棚、使用の際に取ったり置いたり

長手方向に扉が開くトイレ

特注の手すりでより快適に

できるスペース、自分で溜まった尿を処理できる専用の手洗器などがあれば、効率良く作業ができます。

収納スペースはできるだけつくり付けにしたほうが、足や車いすを引っかけたり、地震で倒れたりすることもないため安心・安全です。棚の下部を空けて設置すれば車いすでもアプローチしやすく、ストレスなく必要なものを自分で取り出せます。

・照明は人感センサー付きを採用

人を感知して自動で電気のオンオフをしてくれる人感センサー付きの照明にすれば、手を伸ばす、スイッチを押すといった操作を省略できます。

感知範囲内に動く物体を一定時間検出しないと消灯してしまうというデメリットはありますが、感知距離を短くしたり、点灯時間を長くしたりといった設定ができるものを選べば、用を足している最中に灯りが消えてしまう心配もありません。うっかり消し忘れても自動でオフになり、節電にもなります。

・寝室とトイレを近づける

私たちにとって寝室は、身体を休める大切な場所。特に日々の体調が変わりやすい障がい者・高齢者の場合は、寝室付近にトイレがあれば具合が悪い時でも安心して過ごせます。

可能ならば生活の基本となるトイレ、洗面所、浴室はできるだけ一直線上にレイアウトし、移動がスムーズな動線をつくりましょう。ユニバーサルデザインにもつながり、健常者にとっても使いやすい配置になります。また排泄介助が必要ならば、「便器の脇に介助者が入れる60×60㎝程度の空間があるか」も大切なチェックポイントです。

・可能であればトイレを分ける

予算や敷地に余裕がある場合や、既存のトイレの改修に費用がかかりすぎる場合には、障がい者・高齢者用のトイレを新設し、ご家族用と別にすることをおすすめしています。こうすることで排泄に時間がかかってもお互いに気兼ねなく、思い思いのタイミングでゆっくり利用できます。

スペースを確保できるならば、自室に専用トイレを設置するのも一案です。トイレの使用が部屋内で完結できれば、ご家族への気遣いが減り、自立した生活を送ることにもつながります。要介護者の自立をサポートするつくりは、介助・介護する側のストレス軽減にもつながりますので、ご家族全員でよく話し合って決めましょう。

【配慮すべきポイント】

トイレのようなスペースが限られた空間では、お世話する人の使い勝手も考慮しなければいけません。例えば簡単に設置でき、使用者に優しい手すりですが、介助・介護する側にとっては大きな障害物になることもあります。

このような場合は、使用しない時には折りたためる収納タイプの可動式手すりを取り付けます。設置時には、手すりを下しても周辺のペーパーホルダーや収納棚などに接触しないか、念入りに確認します。

また、住宅において新たに障がい者・高齢者用トイレをつくる時には、まずは使い慣れた既存のトイレをベースに設計し、そこから使いづらい部分を改良していく流れを取るのが良いでしょう。

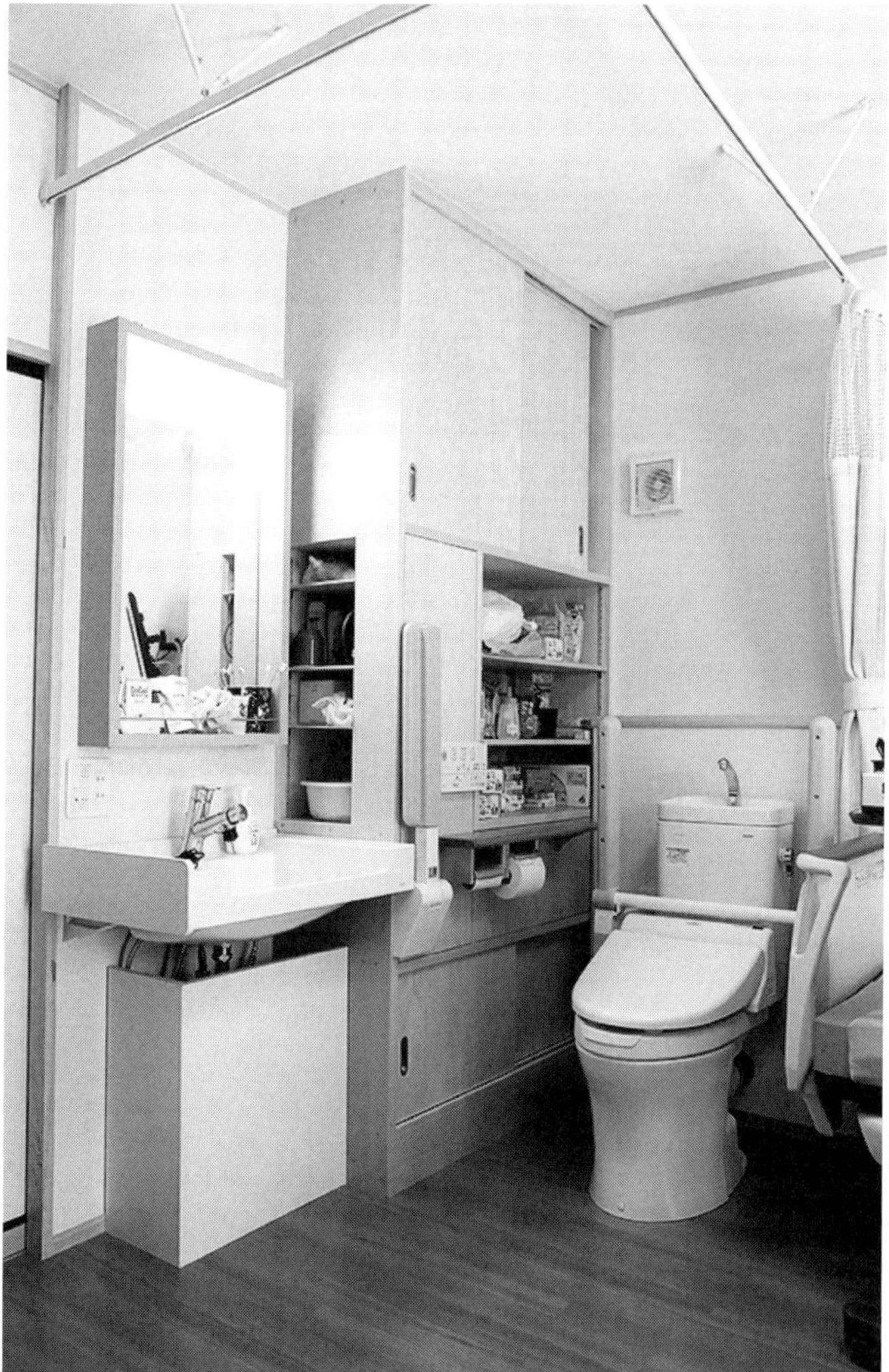

自室にトイレを設置することでより生活も快適に（特別な給排水工事が不要なポータブル水洗式トイレを提案することも）

ヒートショックを防ぐ工夫を

居室に比べて暖房設備が整っていることの少ない洗面所や浴室は、急激な温度差により血圧が大きく変動することで失神や心筋梗塞、脳梗塞などを引き起こす「ヒートショック現象」が起きやすい場所です。

入浴の際には健常者であってもかなりの身体的負担がかかるため、万全な対策を施したいものです。同じく冷え込みやすいトイレや廊下にも同様の対策を施すのが理想的です。

・断熱改修に加え、浴室暖房機などを設置

暖房をつけている部屋とつけていない水まわりとの温度差は、10℃を超えると言われています。裸になった状態で寒い脱衣所や浴室に入ると、血管収縮が加速して一気に血圧が上昇します。それによって失神、脳梗塞、心筋梗塞、不整脈などが引き起こされると、浴室で転倒したり湯船で溺れたりするなど命に関わることもあります。

これを防ぐには、裸になっても寒くないように脱衣所や浴室を暖かく保つことが基本です。窓まわりは熱が逃げやすいため、内窓を設置するなどの断熱改修で外気温の影響を最小限に抑えましょう。その上で浴室専用の暖房器具やエアコンを設置すれば、冬でも暖かく入浴できます。

・車いすに対応した洗面台に変更する

足元にゆとりがある薄型カウンタータイプの洗面台に変えれば、車いすに座ったままでアプローチでき、手洗いや洗面の負担が軽減されます。また高齢者にとっても、椅子に座って利用できるというメリットがあります。

設置する高さは一般的に床面から70～75cm程度とされていますが、実際に車いすに乗った状態でシミュレーションを行い、個々に合わせて位置を調整しましょう。

・段差のないシステムバスを採用

通常は浴室の出入り口に若干の段差が設けられていますが、これが2cm以上だと障がい者・高齢者にとってはバリアとなります。まずはこれを解消しましょう。

新設するなら、浴室までの床がフラットなユニットバスを選びます。既存の浴室をバリアフリー化するならば、洗い場にスノコを造作することでも段差はなくせますが、掃除の手間を考えると床のかさ上げ工事が望ましいです。

・浴槽までの動線に手すりを設置

出入りする際は、扉を開け閉めする動作に気を取られて足元への注意がおろそかになるため、浴槽にたどり着くまでの間や、浴槽への出入りを補助する位置に手すりをつけます。設置する位置は、あらかじめ入浴動作をシミュレーションし、個々に合わせて決定しましょう。最近はユニットバスでも後付けの手すりを設置することが可能です。

・入浴介助用品を取り入れる

浴槽に一旦腰掛けてからお湯に入れるバスボードなどを設置すれば、浴槽をまたぐ動作に不安がある方や、足が不自由な方でもひとりで入浴しやすくなります。設置スペースや予算に余裕があるならば、浴槽の一部が床に埋め込まれた半埋め込み式の浴槽や電動で浴

洗い場の水栓とは別に浴槽横にも水栓と手すりを設置

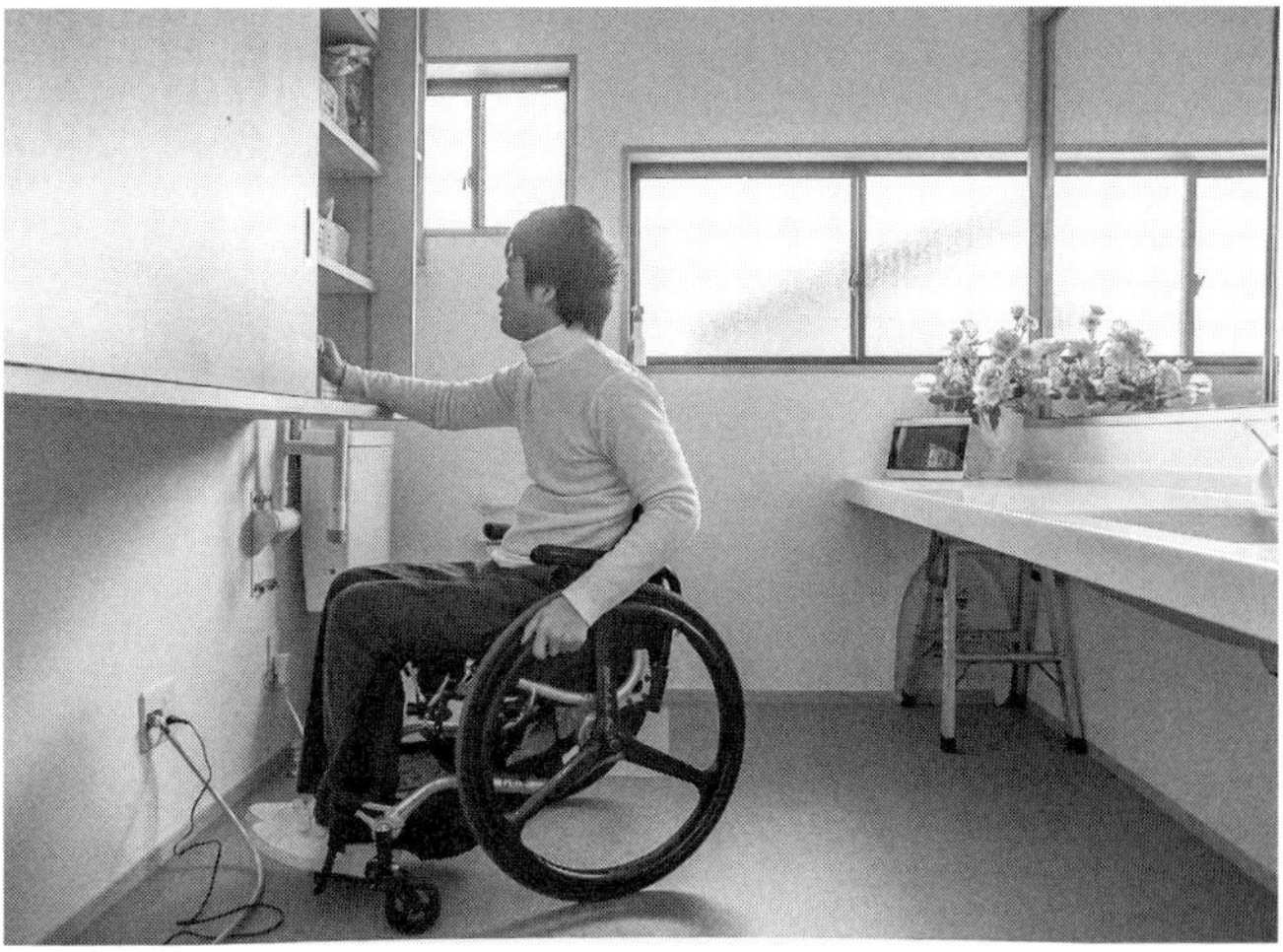

車いすの高さや動作を考えたトイレ洗面スペース

槽へ入れる天井走行リフトを設置する方法もあります。
障がい者・高齢者の入浴には、背もたれ付きのシャワーチェアやシャワーキャリー（入浴用車いす）が必要になることもあります。それを見越して、水栓やシャワーも障がい者・高齢者ご本人や介助・介護する側の作業がしやすい位置に設置します。

【配慮すべきポイント】

介護の中でも身体に大きな負担のかかる入浴介助。これを少しでも楽にするには、寝室から洗面所、浴室までを一直線上に配置し、ベッドから浴室までつながる天井走行リフトを設置します。こうすることでご家族ひとりでも無理なく入浴介助が行えます。
また、病院によっては自宅の浴室やトイレを再現して訓練できる設備があります。基本計画ができあがったら、そこでトイレの使用動作や入浴動作をシミュレーションしながら、手すりなどの位置を最終確認するのが理想的です。

④全体の間取りと最新バリアフリー設備

動線をできるだけシンプルに

障がい者・高齢者が歩行器や車いすを使用するならば、その大きさや形状に合わせたスペースと、それに伴う動線の確保が求められます。車いすの場合、大きさや形状は使用者の障がいの程度や使い方によって異なり、方向転換をするには普通サイズで直径約1・4m、リクライニングタイプの場合は直径2m以上のスペースが必要です。

バリアフリー住宅においては、この回転スペースを設けること自体難しい場合が多いため、曲がり部分を減らしたり、回転を必要としない動線を設けたりと間取りを工夫しなければいけません。

下半身不随の車いす生活者や皮膚感覚が低下した高齢者は、誤って足先や膝をぶつけて傷ができても感覚がない、または鈍いので、家の中であっても移動に神経を使います。このような事故を防止するためにも、安全で快適な動線の確保は必須です。

・「行き止まり」をつくらない

私がバリアフリー建築を設計する際は、廊下、ＬＤＫ、水まわり、寝室などを「ロの字」型に配置し、行き止まりがない「回遊動線」を確保するようにしています。なぜなら、こうすることで玄関から奥の部屋までが一直線の廊下でつながり、車いすでもスムーズに家中を行き来できるからです。その結果、障がい者・高齢者が可能な限り自立した生活を送ることにつながり、それを見守るご家族の負担も減ります。

また、体調が思わしくない日や将来的に症状が重くなった場合でも、散歩する感覚で家の中を歩き回れ、気分転換にもなります。

やむを得ず行き止まりの間取りとなった場合は、車いすを回転させたり、切り返したりできるスペースを考えます。

・突き当たりには窓をつくる

私は必ず、廊下、階段、浴室などの突き当たりに窓をつくるように設計します。そうすることで風が入るようになるだけでなく、明るくなって視認性が高まるからです。高齢になって視力が低下し、目が見えにくくなることを考えると、家の中に暗い場所をつくらないようにするのは大変重要です。

・生活動線を複数に分ける

家の中の生活動線には、回遊動線のほかに「玄関〜自室動線」や「家事動線」がありますが、お互いの生活ペースを尊重して余計なストレスを軽減するには、これらを利用者別に整備することも重要です。

玄関ホールからの動線は、二方向以上に分かれているのが理想です。例えばリビングに直接入れる動線と、食品庫を通過してキッチンへと向かう動線のふたつがあれば、買い物から帰宅した際にひとりはそのままリビングへ、もうひとりは食品庫で荷物を置いてからキッチンへとそれぞれの目的に合わせて自由に動けます。

また家事動線に関しては、両サイドから出入りできるアイランド型キッチンにする、床に置かれた物で回遊性が妨げられないように食品庫を増設する、洗濯から物干しまでひと部屋で完結するランドリールーム（洗濯室）をつくって動線を短くするといった工夫で、日常的なストレスを減らすことができます。

・介護ヘルパー専用の動線を設ける

障がい者・高齢者のいるご家庭では、介助・介護の負担を減らすために介護ヘルパーを活用したいと考える一方で、他人が生活空間を出入りすることが気がかりで、利用を躊躇してしまうといったケースがよく見受けられます。また、介助・介護する側が仕事を持っていて家を不在にすることが多い場合、障がい者・高齢者をひとり残して家を空けることに抵抗を感じる方がほとんどです。

このお悩みは、ご家族の玄関とは別に、障がい者・高齢者の部屋に直接入れるヘルパー専用の玄関を設けることで解消できます。ここから出入りしてもらえば、ご家族が在宅時でも顔を合わせずに済み、必要な時に気兼ねなくお世話をお願いできます。

加えて寝室と水まわりを直線的に行き来できるようにまとめれば、それぞれの動線がまったく重ならずに移動でき、さらにご家族のプライバシーが守られます。また専用玄関の鍵を、パスワードを入力して開錠・施錠するテンキーにすれば、ご家族が不在でもヘルパーが自分で鍵を開けることができ、訪問サービスを受けられます。

使う人に合わせて分けられた動線

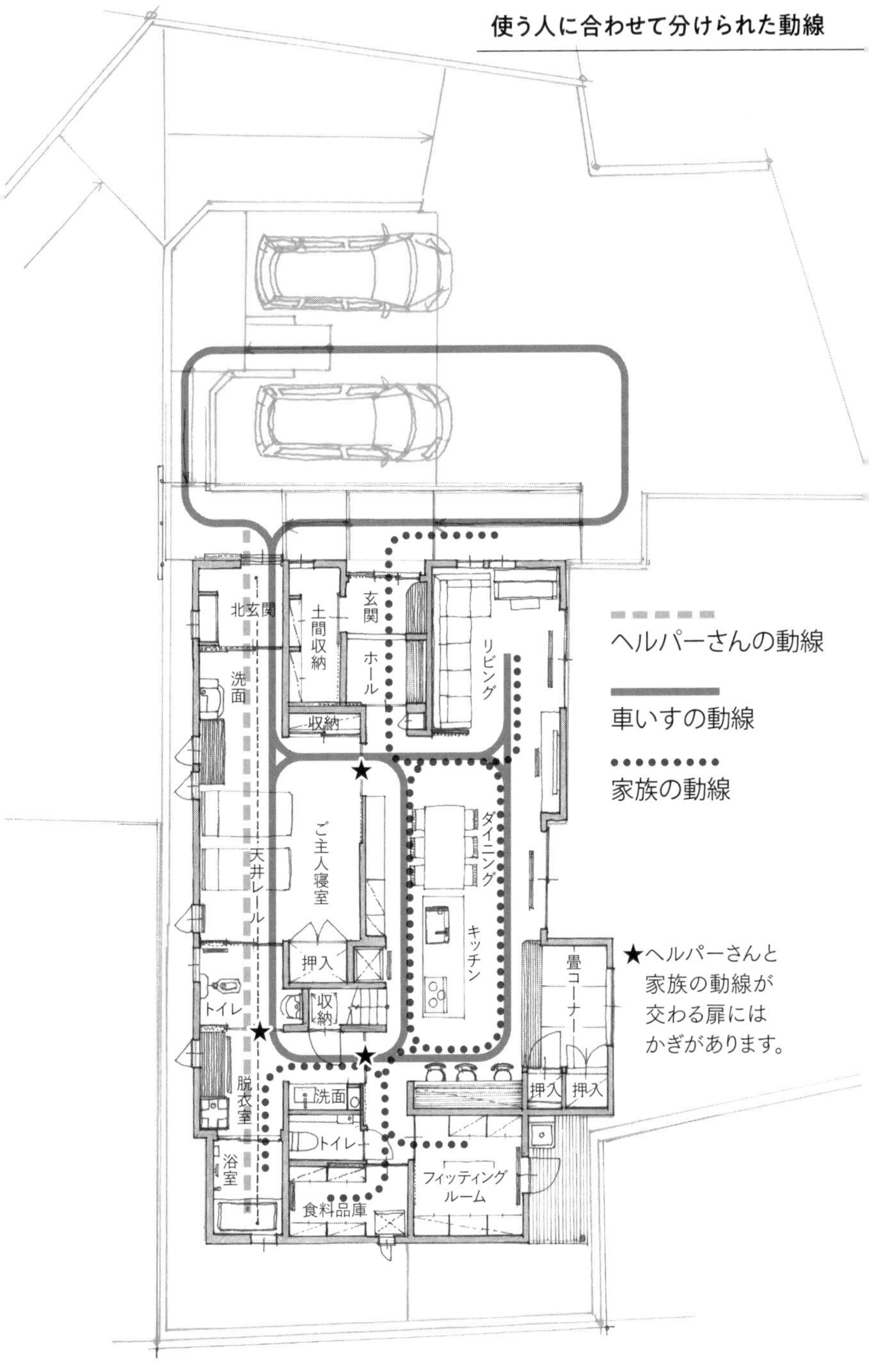

・ホームエレベーターを設置する

エレベーターを設置すれば車いすに乗ったままでもフロアを移動できるため、自室やリビングを2階に設置するなど、間取りの自由度が上がります。決して安価ではありませんが、定期的にメンテナンスすれば部品交換だけで長持ちしますし、障がい者・高齢者の「自分だけ2階に上がれない」といった心のバリアも取り払えるため、コストパフォーマンスに大変優れた設備と言えます。また部屋や廊下の一部を改修して設置することもできるので、デッドスペースの有効活用にもつながります。

利用者が車いすの場合は後ろ向きで入って前向きで出られるように、エレベーター前に回転できるだけの乗降スペースを設ける必要がありますが、前後に扉があって通り抜けられるタイプのものにすれば、省スペースで設置することも可能です。

・引き戸で仕切ってプライバシーを確保

寝室とＬＤＫが隣接した間取りは、ご家族が家事をしながらでも障がい者・高齢者の様子を程良い距離で感じられるのがメリットですが、時にはそれぞれがひとりになりたいこともあります。また、ヘルパーが来た時だけ空間を分けたいというご要望もあります。

そういった場合は、壁ではなく引き戸で部屋を仕切ることでフレキシブルに空間が使え、個人の空間を確保できます。

リビングやキッチンとつながる寝室

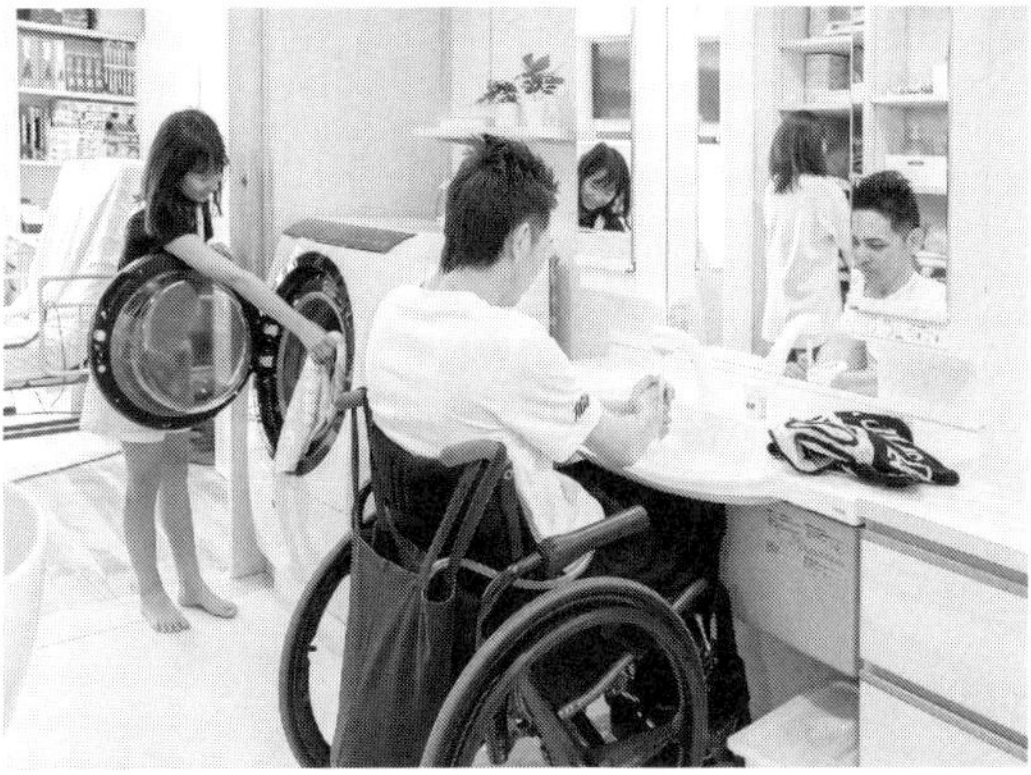

引き戸でつながった寝室と洗面スペース

【配慮すべきポイント】

日によって健康状態に揺らぎのある障がい者・高齢者は、健常者に比べて自宅で過ごす時間も多くなりがちです。だからこそ、開放的なデッキを設けて風や光を感じながら気分転換できるようにする、または時間を忘れて趣味に没頭できる専用のスペースをつくるといった、暮らしを楽しむ提案をします。

以前、ご自宅の改修を手掛けた筋萎縮性側索硬化症（ＡＬＳ）の奥様は、症状が進行してからも暖かい日はサンデッキに出て、かつての趣味だった家庭菜園を眺めながら日光浴を楽しんでいました。ご家族によると、人生の最期を迎えるその瞬間まで大好きな家で穏やかな時間を過ごされたそうです。

家族や友人と過ごす時間を大事にしたい、スポーツができるようになりたい、趣味をもっと楽しみたいといった希望を叶える基盤となるのが住まいです。

その住まいが安全で快適ならば、介助・介護を受ける側も、その介助・介護をする側も、夢や希望を抱いて生きがいのある人生を送れるはずです。そのお手伝いをするのも、バリアフリーコーディネーターの役目なのです。

「室温のバリアフリー」という考え方

近年、家を新築する際の条件のひとつとして「冬は暖かく、夏は涼しい家」を挙げる人が増えてきています。

特に、障がい者・高齢者は自律的に体温調節するのが難しく、体の一部が温度を感じない方もいます。私自身も下半身が麻痺しているため、上半身しか汗をかかず、下半身は温度を感じません。そのため、夏は常に熱中症になる危険性にさらされます。寒さに対しても同様であることから、「障がいのある人間にとって、温熱環境は生死を左右する」と言えるでしょう。

阿部建設では家の中の空気も「バリア」になり得ると考え、これを取り払う設計を行っています。具体的には家の断熱・気密性能を高くし、全棟に床下に暖かい空気を送り込む「空気式床暖房」を設置することをおすすめしています。

・エコな空気式床暖房などで室温を管理

洗面所・浴室の項目でもお話ししましたが、冬場は脱衣室、浴室、リビング、廊下など場所によって極端に異なる室温が、体調に大きな影響を及ぼす「ヒートショック現象」が問題になっています。

また、毎年夏になると高齢者の熱中症問題がニュースで報じられ、「なぜ冷房をつけないの？」と世間でよく話題になりますが、若者に比べて高齢者は暑さ寒さに対する感覚が鈍いため、環境の急激な変化に追いつけないことが原因のひとつと言われています。このように意外と身近にある危険にもかかわらず、「自分は大丈夫だろう」という油断を招きやすいのが住宅の温熱環境なのです。

極端な温度ムラをなくして室温を最適に保つには、まず家全体の断熱・気密性能を向上させることが大切です。こうすることでエアコンの冷暖房効率が格段に良くなり、夏は涼しく、冬は暖かく過ごせます。

その上で、暖かい空気が床下の空間を循環することで床全体が暖められる空気式床暖房を取り入れれば、さらに冬場の足元の冷えが解消されます。この場合は、エアコンを補助

空気式床暖房とは?

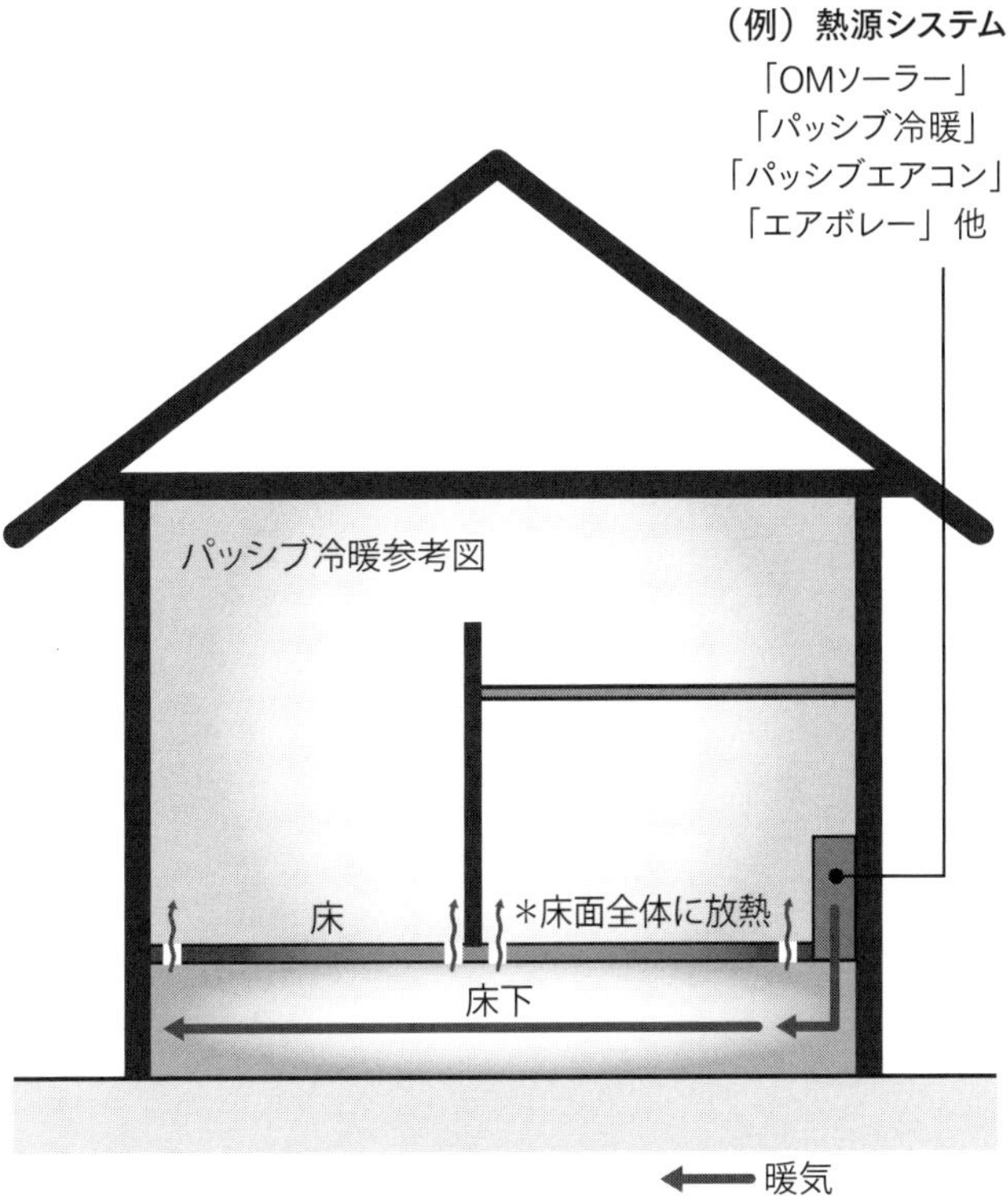

- この本では、エアコンなどで床下に暖気を送り込んで空気を暖め床を暖める暖房を床暖房と記載しています。
- 熱源には、さまざまな仕組みやシステムがあります。
- 建物の規模、形状に合わせて、コスト面も考慮の上最適な床暖房システムを提案しています。
- 床をムラなく暖めることで家中の室温のバリアフリーが可能となります。

的に使います。この床暖房はこれまでのご依頼主にもとても好評です。

災害時でも安心の住まいに

・太陽光発電システムで災害に備える

太陽光発電は二酸化炭素や排気ガスなどを排出しないことから、「地球に優しいクリーンエネルギー」とされています。

つくり出した電気は、家庭で使用して電気料金を節約するほか、余剰電力を電力会社に売電することでわずかですが収益化することもできます。その結果、4人家族の場合でもオール電化なら実質的な電気代が月1万円前後とお財布にも優しい暮らしが実現できます。

また近年では、台風や地震など突然の災害で停電となった時の備えとして、太陽光発電を導入する人も増えています。特に車いす生活者は、避難が必要な災害が起きてもバリアフリーなどの設備が整っていない避難所では生活できません。そのことから、普段から災害時でも自宅で過ごせるように備えておく必要があるのです。

太陽光発電を設置していれば、災害時などの「自立運転機能」で電気を使うことができます。ライフラインのひとつである電気の心配がなくなることは大きな安心材料となるはずです。

・外観・内観を変えずに耐震性を向上させる

防災住宅という視点では、「大地震が起こっても壊れない家」であることも重要です。

阿部建設では新築の設計時に基本的には全棟許容応力度による構造計算を行い、住宅性能表示制度において最高性能である耐震等級3を満たすことを条件としています。これは大地震発生後でも軽い補修程度で住み続けられるレベルで、消防署、警察署など防災拠点となる建物と同程度の耐震性能となります。ちなみに弊社では、耐風等級2以上（台風に対しても倒壊損傷しない等級の最高等級）という条件も加え、更に強い家づくりを目指しています。

また、地震発生時に基礎部分の損傷をできる限り最小限に抑える「制震ダンパー」を標準採用。地震力を吸収し、揺れを30～70％軽減させる設計手法で、高い耐震性を保持すると同時に、繰り返しの地震にも効果が認められています。

【配慮すべきポイント】

住まいの温熱環境が良く、光熱費や維持管理費といったランニングコストが安く抑えられることは、そこに住まうご家族全員の心身にとても良い影響を与えます。特に室内の温熱環境は、住まいの快適性を左右する重要な要素です。私自身も自宅に前述の床暖房を導入しているため、日々その性能の高さを実感しています。

また気候変動リスクが高まり続けている現代において、安心・安全かつ快適に暮らせる家づくりを実現させるためには、「自然災害に強い家」であることも必須条件と言えるでしょう。

長く住み続ける住宅は「建てて終わり」ではなく、建ててからがスタートです。生涯安心して暮らすためにも、将来にわたって資産価値の下がりにくい住宅であるためにも、デザインだけでなく性能にも目を向けたいものです。

そのアプローチのひとつとして、阿部建設では住宅の持つ基本性能が高水準であることは当然として、さらにご依頼主から感動や共感を得られるようなワンランク上のオーダーメイドの家づくりを目指しています。

第3章
バリアフリー住宅・施設の最新実例集

① 介護も家事も「がんばり過ぎない」家

ご両親とちょうどいい距離を保つ

「実家の敷地内に自宅を新築したい」というご依頼を受けて設計したのが、こちらの住宅です。ご依頼主は30代のご夫婦で、ご主人が車いす生活者でした。

スープの冷めない距離に親世帯が暮らす「敷地内同居」であることに配慮して、まずは建物の位置を検討。敷地面積100坪を超える十分な広さがあったため、ご実家の南側に上下移動なく生活できる平屋を建設することになりました。

さらに室内の間取りを工夫し、ご実家から見える北側には滞在時間の少ない玄関や水まわりを配置。その一方で日当たりが良い南側には、一日のほとんどの時間を過ごすＬＤＫや寝室を置く形にしました。これなら親子ともプライバシーが守られ、干渉しすぎることなく暮らせます。

すべての場所に最短距離で

時にはご主人がベッドで長い時間を過ごすことも想定した上で、家の中心には寝室を配置。さらにこの寝室とほかの部屋を回遊動線でつなぐことで、車いすでも移動しやすい「行き止まりのない間取り」を実現しました。

こうすることで食事、睡眠、家事、入浴などの生活動作を一連の作業として行えるほか、行き止まりで車いすを方向転換させるといった無駄な動きもなくなり、身体の負担がぐっと減ります。また空間がゆるやかにつながっているため、リビングでTVを観たり、キッチンで食事をつくったり、寝室で横になったりといった動作も少ない移動で同時進行できます。

おうち時間が増えても心豊かに暮らせるように、圧迫感のない空間づくりにもこだわりました。特に勾配天井と高窓のある明るく開放的なLDKは、ご夫婦のお気に入りの場所。断熱性能が高く、空気式床暖房のおかげで家中寒さも気になりません。

部屋からフラットにつながったウッドデッキに出れば、豊かな緑と自然の風が感じられ、体調の都合で外出できない日でもお家時間を楽しむことができます。

- 扉はすべて引き戸
- 空気式床暖房で
室温のバリアフリー対策

寝室を中心とした
回誘動線で日常動作が
スムーズに

玄関まわりを
すっきりとさせる
土間収納

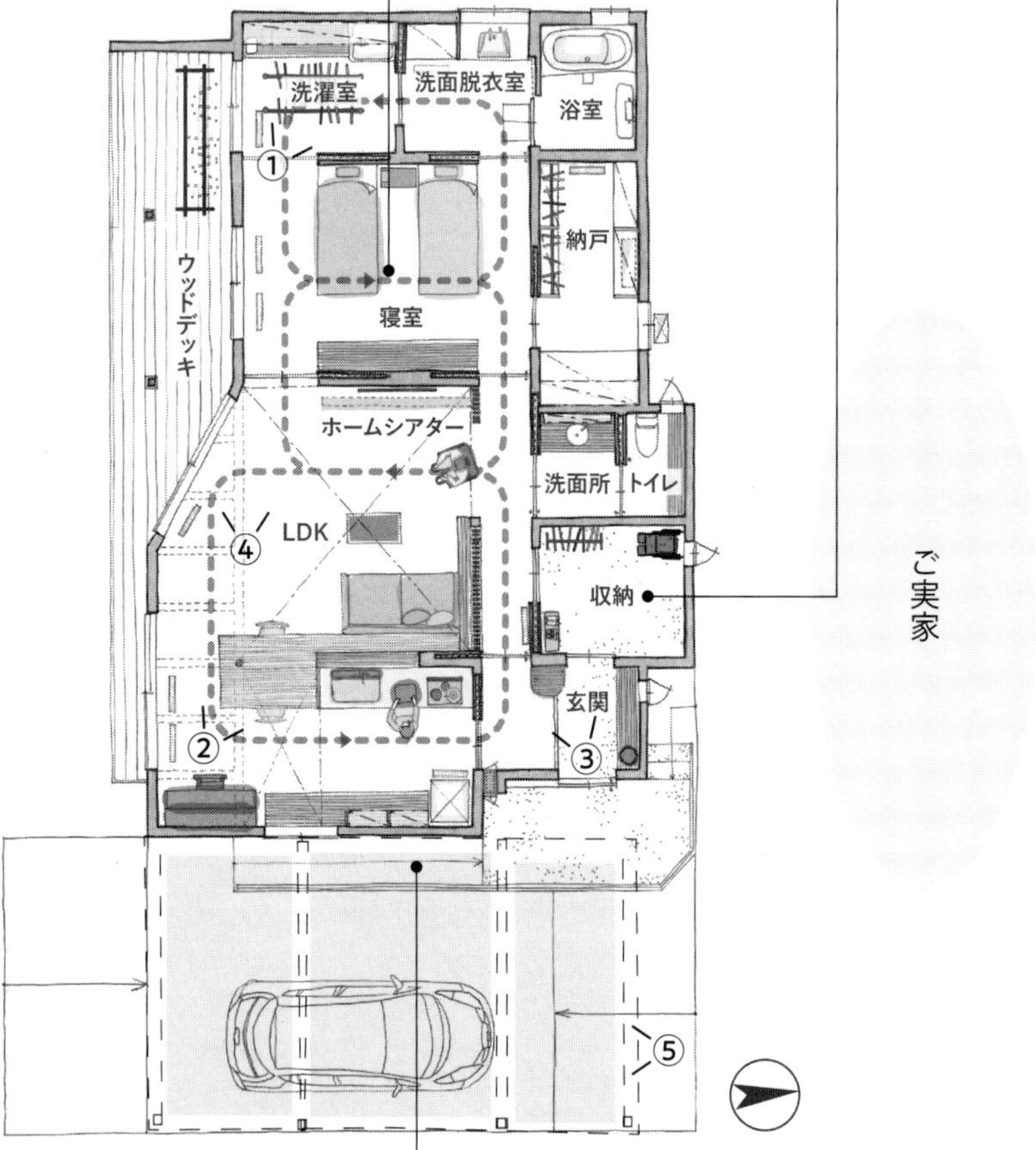

緩い勾配のスロープで
身体への負担を軽減

- 見取り図内の番号は各写真番号からのカメラアングルです

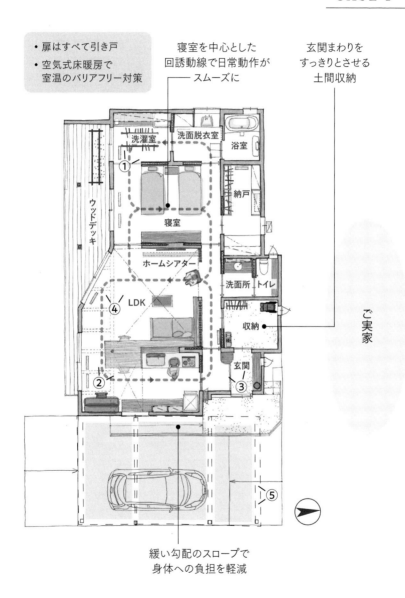

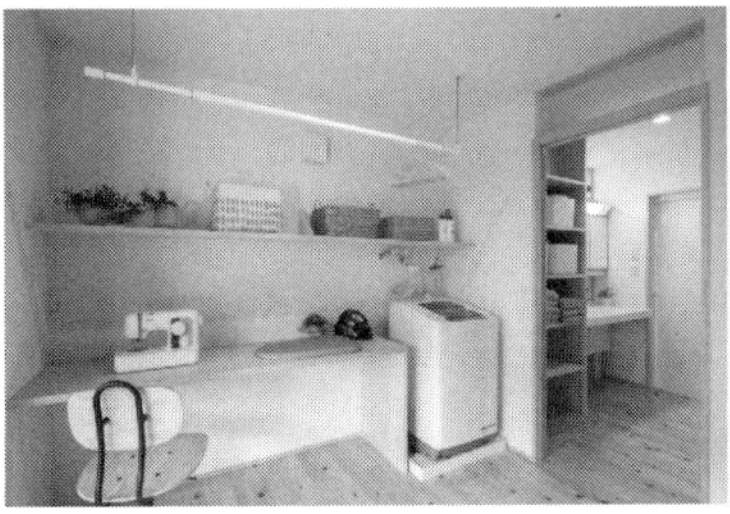

①時短にもなり雨や花粉対策にも嬉しい洗濯室

②キッチンを中心に玄関とLDKが回遊できます

③広い土間収納ですっきりとした玄関。造り付けの腰掛けで靴の脱ぎ履きも楽にできます

④ホームシアターにもなる広いリビングとフラットにつながる広いウッドデッキでおうち時間も充実

⑤雨の日も濡れずに車と玄関を行き来できるカーポート。家の外観を損なわないデザインに

介護と家事の負担を上手に減らす

LDKと寝室を隣にしたのは、日々介護する奥様の負担を少しでも軽くするためです。2部屋を仕切る扉を開ければ、寝室で休んでいるご主人の様子を見ながらキッチンで家事をしたり、リビングで自分の時間を過ごしたりと「ながら介護」ができます。

また、おふたりともフルタイムでお仕事をされているということだったので、家事効率を上げる工夫も凝らしました。まず毎食ごとに食器を移動させる手間を省略するために、キッチンカウンターとダイニングテーブルをつなげてひとつにしました。このつくりなら、忙しい朝はそれぞれがカウンターで簡単に食事を済ませることもできます。またダイニング空間の省スペースにもつながり、その分だけリビングが広くなりました。

洗面所、寝室、ウッドデッキの3方向から出入りできるランドリースペースでは、洗濯に関わる一連の作業をノンストップで行えます。天気の良い昼間はウッドデッキに外干し、雨の日や夜は洗濯室に部屋干しできるため、天気や時間を気にせず好きな時に洗濯できます。

車いすに配慮した玄関まわり

駐車スペースは、車いすを使うご主人の乗降に支障のない広さを確保し、雨の日でも濡れないようにカーポートを設置しました。駐車場から玄関までは、車いすを自走するのに最適とされる1／12勾配のスロープを上ります。ご主人は装具を取り付ければ歩行可能なので、自力歩行でも上れるように手すりを設置しました。玄関を含め、扉はすべて引き戸で統一。これらは天井のみにレールを取り付ける上吊りタイプで床に溝がなく、車いすでも安全に出入りできます。この家に住んでから、ご主人はひとりで車に乗って外出できるようになったそうです。

また室内外で車いすを使い分けているご主人のために、玄関脇に乗り換えスペースを設けました。ここは靴やコート、清掃道具などの土間収納も兼ねており、車いすも置いておけます。

ご夫婦からは「どの部屋も温度が均一で、冬場でも寒くありません。こちらが要望を伝えなくても阿部さんから先に提案してくださって、とても助かりました」と、お喜びの声をいただきました。

②3世帯が寄り添い暮らす家

要介護者の寝室と水まわりを近づける

次にご紹介するのは、90代の寝たきりのおじいさま、その娘さんである60代ご夫婦とそのふたりのお子さんという3世帯、計5人のお住まいです。ご家族からのご要望は「おじいちゃんの介護のために水まわりを使いやすくしてほしい」とのことでした。

まずおじいさまの居室は、ご家族の集まるリビングと水まわりの近くに配置。これならベッドの上にいてもご家族の気配を感じられます。また2方向にある幅広の引き戸を開け放てば行き止まりのない回遊動線になり、効率良く介護できます。

トイレ、洗面所、浴室を一部屋にまとめたことでスペースに余裕が生まれ、よりお世話しやすい空間になりました。水まわりの床材には水や衝撃に強い重歩行用の長尺塩ビシートを採用。掃除しやすく、いつでも清潔に保てます。家全体の断熱・気密性能が高く、空気式床暖房を完備しているのでヒートショックの心配もありません。

遠慮なくヘルパーを頼めるように

駐車場には介護ヘルパー用の駐車スペースも確保しました。また訪問介護時のご家族の心理的負担を軽減するため、介護ヘルパーがおじいさまの部屋に直接入れる出入り口を玄関とは別に設けました。買い物帰りに便利な食品庫付きの勝手口は、介護ヘルパーの動線として使えます。

入浴・排泄介助で使用する水まわりはおじいさまの居室の向かい側にあるので、リビングにつながる2カ所の引き戸を閉めてしまえば、介護ヘルパー来訪時もご家族のプライバシーが守られます。これなら必要な時に遠慮なくサービスをお願いできます。

部屋からは日当たりの良いデッキテラスに直接出られ、天気の良い日にはおじいさまが大事に育てられた柚子の木がある庭を眺めながら日向ぼっこを楽しめます。

ちなみに、ご依頼前に別の工務店が作成したという設計図を見せてもらったところ、デッキテラスにあたる部分をなぞるように、約15mにもわたるスロープがつくられる予定でした。この場合、おじいさまは自力で車いすを動かせないので、外出のたびにご家族が重い車いすを押しながら上り下りしなければいけません。また頭上には屋根がなく、雨の日

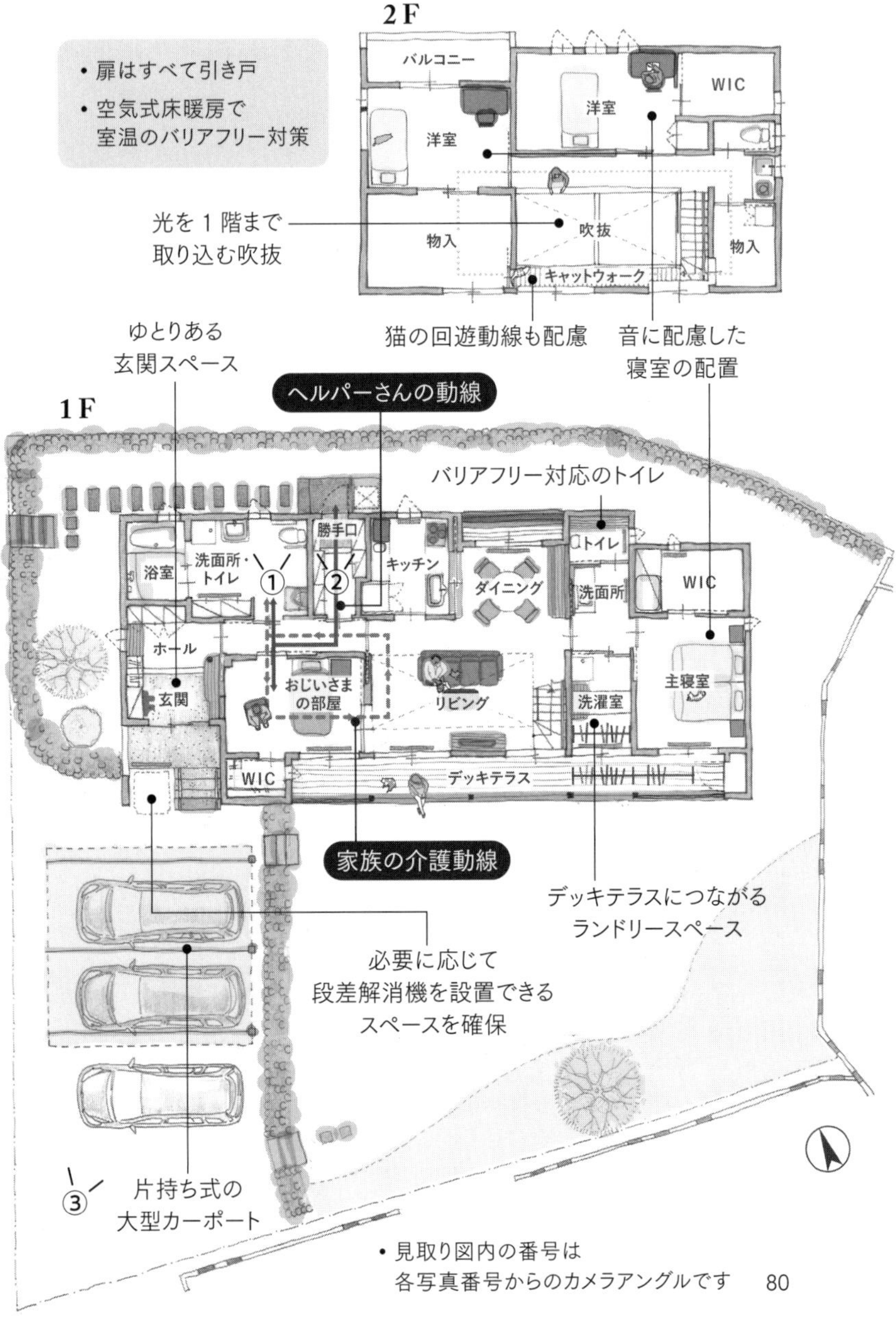
2F
・扉はすべて引き戸
・空気式床暖房で
室温のバリアフリー対策
バルコニー
洋室
洋室
WIC
物入
吹抜
物入
キャットウォーク
光を１階まで
取り込む吹抜
猫の回遊動線も配慮
音に配慮した
寝室の配置
ゆとりある
玄関スペース
ヘルパーさんの動線
1F
バリアフリー対応のトイレ
勝手口
浴室
洗面所・
トイレ
①
②
キッチン
ダイニング
トイレ
洗面所
WIC
ホール
玄関
おじいさま
の部屋
リビング
洗濯室
主寝室
WIC
デッキテラス
家族の介護動線
デッキテラスにつながる
ランドリースペース
必要に応じて
段差解消機を設置できる
スペースを確保
③
片持ち式の
大型カーポート

・見取り図内の番号は
各写真番号からのカメラアングルです

①介護しやすい水廻り

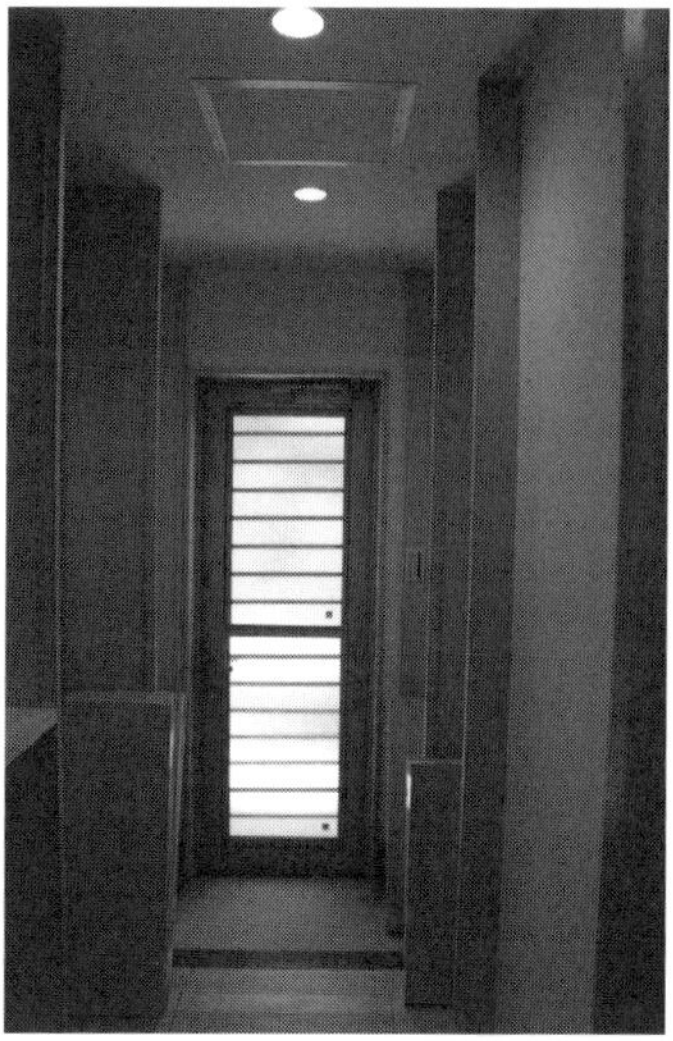

②ヘルパーの入り口となる勝手口

③広いカーポートで雨でも安心

はふたりともびしょ濡れです。

今回の設計では、玄関は回遊動線を妨げない家の一番端に置き、スロープではなく段差昇降機を設置することにしました。これによりスロープを設ける必要がなくなり、雨にも濡れないのでいつでも安全・快適に外出できます。

それぞれの生活リズムに合わせた間取り

玄関を入って約1m幅の真っすぐな廊下を進み、広々とした約10帖のリビングダイニングを通り過ぎた先が、ご夫婦のプライベートスペースです。

奥様は目が不自由とのことだったので、玄関から居室への動線はシンプルにして、年齢を重ねても安心して使えるように居室付近にトイレを設置しました。こちらは、水まわりを使う訪問介護中でもゆっくり使えます。主寝室の収納にはあえて扉をつけず、周囲が見えにくい奥様でもスムーズに布団を出し入れできるようにしました。またリビングダイニングとの間には仕切りとなる引き戸が2カ所あるので、夜遅くまで起きている人がいてもぐっすり眠れます。

隣にあるランドリースペースからは直接デッキテラスに出ることができて、外干しする動線もスムーズです。デッキテラスにも干せる仕様にすることで、一日に何度も着替えるおじいさまのものを含めた大量の洗濯物を一度に干せるスペースを確保しました。

2階は介護ヘルパーの仕事をされている娘さんと、息子さんのための空間です。おじいさまが使う水まわりには、介護のプロである娘さんのご要望がたくさん盛り込まれました。まずは夜遅く帰宅することもあるおふたりの生活スタイルを考慮して、各居室は1階のおじいさまやご夫婦の寝室と上下が重ならない位置に配置。また両部屋に大容量の収納を設けたことでそれぞれの持ち物を自由に管理でき、プライバシーも守られます。また2階にもトイレを設けたことに加え、お湯を沸かしたり夜食をつくったりするのに重宝するミニキッチンスペースを確保しました。

2階の高窓から差し込む光は、吹き抜けを通って1階のリビングと中廊下を明るく照らします。その吹き抜けを取り囲むのは、スノコ状のキャットウォーク。7匹の猫にとって楽しい空間なのはもちろん、窓掃除やメンテナンスもしやすくなりました。

さらにご家族からは「地震に備えて制震ダンパーを設置したい」というリクエストがあり、阿部建設では標準採用していることをお伝えしたところ大変お喜びでした。

設計開始までの長い道のり

ご夫婦から新築の依頼をいただいたのは、2016年のこと。ご主人はその約2年前に交通事故で脊髄を損傷し、病院を転々としながらリハビリを続けていました。病院にて身体の状態を確認したところ、首から下がまったく動かせず「将来的には車いす生活になる可能性が高い」とのことでした。

当時はまだ保険会社との和解が成立しておらず、奥様がひとりで示談交渉を重ねている状態でした。保険会社の提示額も到底納得がいかないとのことだったので、弁護士を紹介して、一緒に住宅建設に必要な予算とその理由を提示した資料を作成し、裁判所に証拠として提出。それと並行して土地探しも開始しました。

車いす生活者が住む土地の選定では、毎日通うスーパーや学校などに近いという一般的な利便性に加え、道路状況や坂道の勾配などの地形にも気を配らなければいけません。重ねて自治体などが作成しているハザードマップを参考に、災害時における地盤の液状化や浸水リスクも十分に確認する必要があります。

不動産会社と連携し、条件に合いそうな土地が売りに出されるたびに現地調査を重ねる日々が続きました。

バリアだらけの仮住まい

ほどなくしてご主人の退院が決定し、裁判が終わるまではふたりの娘さんを含む4人で賃貸アパートに仮住まいすることになりました。しかし室内はバリアだらけで、ひとりで顔を洗うこともできません。これではいけないと不動産会社と交渉し、少しでも自分で身の回りのことができるようにと、原状回復を条件にリビングに洗面台を取り付けることができました。とはいえ不便な生活には変わりなく、「一日でも早く安心して暮らせる家を」という想いは募る一方でした。

事故前、ご主人はガソリンスタンドに勤務しており、危険物取扱者の国家資格も保有していました。リハビリ後は職場に復帰する予定でしたが、この頃は障がいを受け入れられず「僕は別にどちらでも……」と、今ひとつ前向きになれないご様子でした。

しかし、まだまだ社会参加がままならない車いす生活者にとって、仕事を持つことは大きな意味を持ちます。私は「これから娘さんたちにもお金がかかるし、自信と誇りを持って生きるためにも仕事は絶対に必要ですよ。あきらめずに一緒にがんばりましょう。そのために私も協力しますから」と声をかけ続けました。

車いすでも2階に上がれる

その2年後にようやく和解が成立し、希望に沿う土地も見つかったことから、いよいよ設計に取り掛かることになりました。当初は平屋をご希望でしたが、敷地面積の関係で最終的には2階建てに決定しました。そこでまず私が確認したのは、「2階に上がりたいか」ということでした。

というのも、とにかく仲の良いご家族だったため、リビングとご主人の居室を1階に、奥様と娘さんたちの各居室を2階にと分けた場合、「ご主人だけが下階に取り残されて疎外感を感じるのでは」と思ったからです。

ご本人に確認したところ、「エレベーターの費用も保険金の試算に入っているので、費用がかかっても2階に上がりたい」とのこと。それならばとリビングを2階に設けるデザインを施しました。上階にはホームエレベーターで上がります。

見た目も心もバリアフリーに

1階は、ご主人と娘さんたちの居室を中心に設計。ご主人も使う水まわりは、ベッドから浴室までをレールでつなげるために直線的にレイアウトし、天井走行リフトを使って安全に入浴できるようにしました。

また、エレベーター前には車いすの回転スペースを確保。これを設けていないバリアフリー施設をよく見受けますが、それでは前向きにしか乗り込めず、到着時には後ろ向きで出なければいけません。また来た道を戻ることもできず、車いす生活者にとっては大変不便です。このお宅の設計にはこのスペースに加えて、エレベーターの真向かいにある水まわりが回遊動線なので行き止まるストレスが一切ありません。

またカーポートと玄関との間には段差が約80㎝あったため、長いスロープを避け、段差昇降機を設置しました。動線すべてに屋根があるので、天候を気にせず、ご主人ひとりでも気軽に外出できます。

玄関には車いすの乗り換えスペースを設け、リモコンキーを身に付けていればボタンを

- 扉はすべて引き戸
- 空気式床暖房で
室温のバリアフリー対策

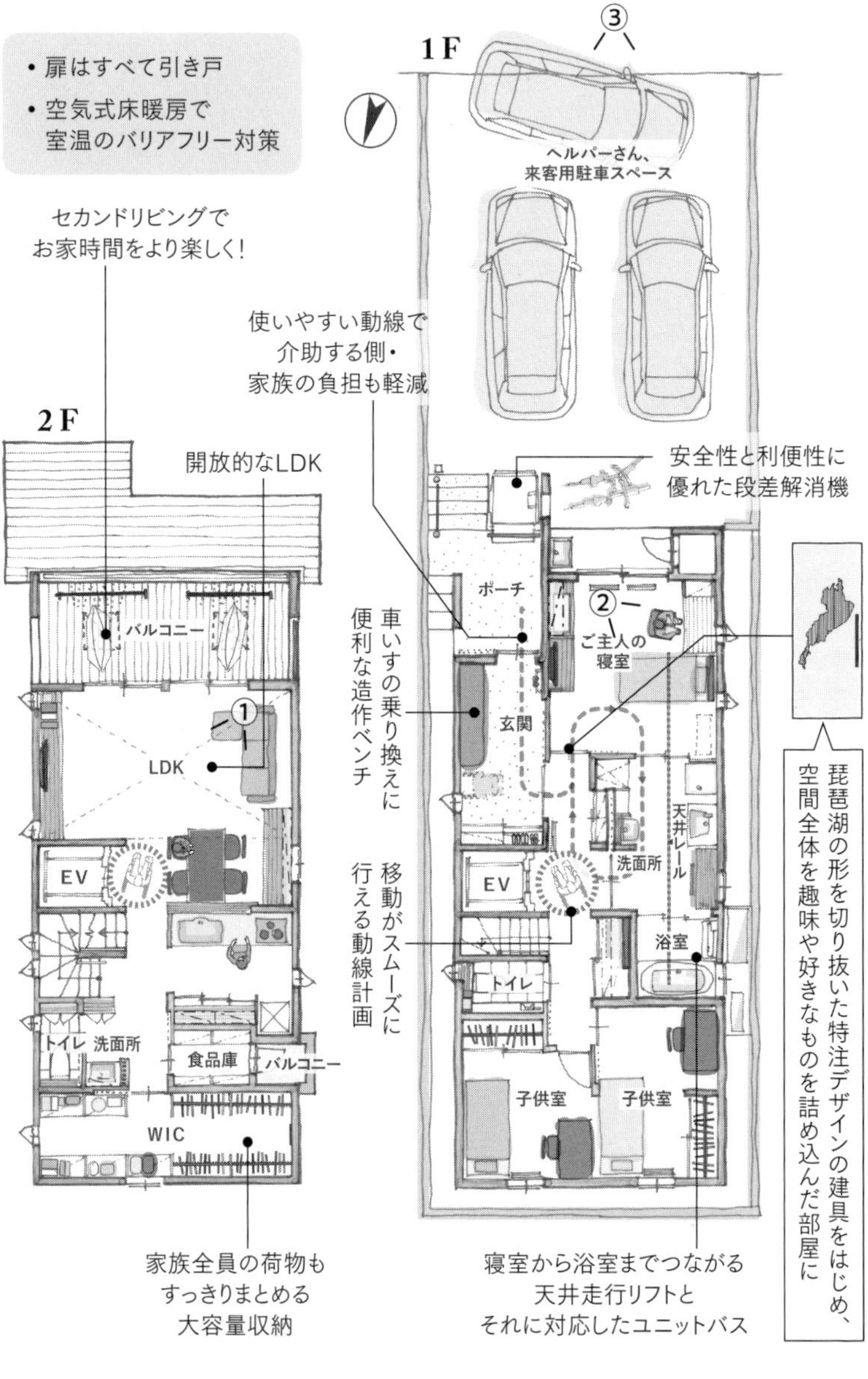

- 見取り図内の番号は各写真番号からのカメラアングルです

①
エレベーターを設置することで2階をリビングにして家族と過ごすことができます

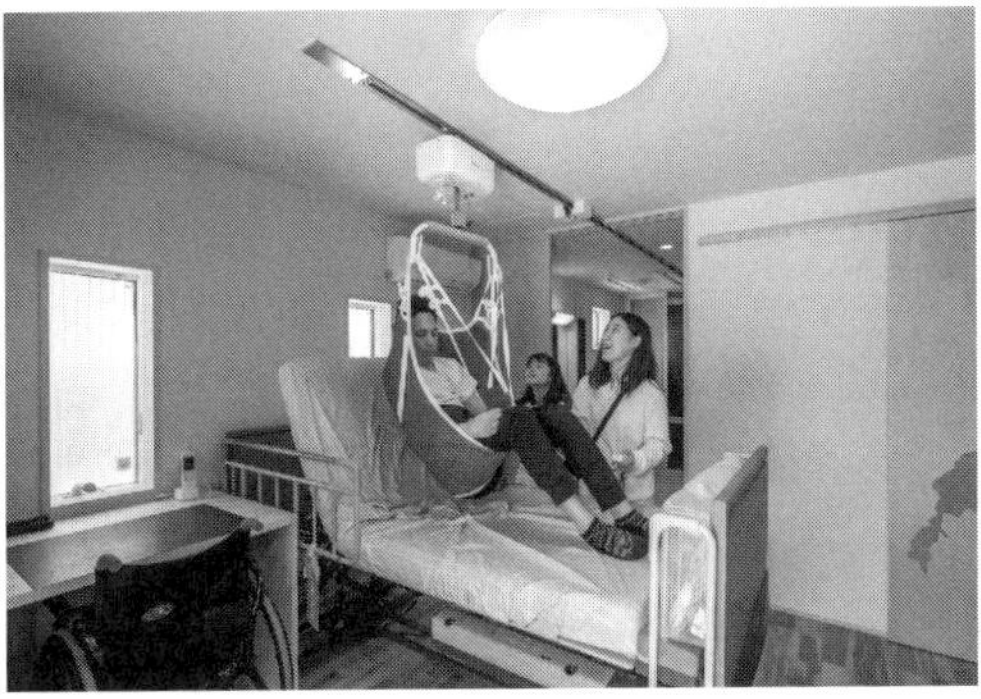

②
天井走行リフトで寝室から浴室まで楽に移動できます

③
玄関につながるカーポートで雨でも安心

押すだけで解錠できるタッチキー付きの引き戸をつけました。ご主人が出入りしやすいだけでなく、室内からでもリモコンでかぎを開閉できるので、ご主人がひとりの時でもヘルパーの出入りが可能です。

釣りとフィギュア製作がご趣味のご主人の居室には、魚たちがゆったりと泳ぐ水槽や大切な釣り道具、完成した作品を飾るディスプレイ棚を設置。ドアには、かつての釣り場だった琵琶湖を模したくり抜きをあしらいました。この部屋こそが、障がい者であってもこれからの人生を明るく前向きに生きる大きな活力をもたらしてくれるはずです。「心のバリア」を取り払うには、必要不可欠な空間となることでしょう。

家族みんなが自然と集う空間づくり

2階でエレベーターを降りると、そこは太陽光が降りそそぐ開放的なLDK。リビングからつながる広々とした屋根付きバルコニーには、待望のハンモックが吊り下げられ、みんなで気持ちの良い風を感じながら空と緑を愛でることができます。

1階に収納が少ないのをカバーするため、北側には可動棚を取り付けた食品庫と大容量のウォークインクローゼットを設けました。これだけのスペースがあれば、4人分の荷物も余裕で収まります。

この家に住んでからご主人はひとりで出かけられるようになり、職場にも復帰。太陽光発電と空気式床暖房を設置したことで光熱費を抑えつつも、どの部屋もまんべんなく暖かいのには「阿部さんのおっしゃっていた通りでした」と驚かれていました。今日も明るいリビングとバルコニーには、家族の笑顔があふれています。

④ 機能性とデザインが共存する、障がい者のための施設

バリアフリー住宅の設計ノウハウを施設にも

阿部建設は、住宅以外の施設の設計・施工も得意としています。なかでも多くご依頼いただくのが、デイサービス、ショートステイ、グループホームなどの社会福祉施設及びクリニックや教会です。

高齢化が進んだ今、多くの人が利用する施設にはバリアフリー仕様が求められていますが、33～36ページでご紹介したように、バリアフリー建築には「大は小を兼ねる」という考え方は当てはまらず、常に利用人数や利用者の身体状態、提供されるサービス内容などを考慮して一から設計しなければいけません。利用者がまるで家にいるかのように快適な時間を過ごす施設の設計は、オーダーメイドのバリアフリー住宅を数多く手掛けている私にとって「住宅の延長」であり、得意とするところです。

施設建設の背景として、工務店やハウスメーカーによる住宅と、ゼネコンなどによる大

規模施設との中間に位置する、100～300坪程度の施設は、手掛ける事業者が少ないという現状があります。この規模の施設建設には10以上のさまざまな資格・研修経験を持つ人員が施工に関わる必要がありますが、そうした専門的な人材やノウハウが不足しているためです。阿部建設は、ニーズがあっても建設事業者の少ない中規模施設をつくることで、社会に貢献できればと考えています。

それでは、これまでに関わった中から2軒をご紹介しましょう。

チームで交渉から施工まで担う

1軒目は、皮ふ科クリニック、腎・泌尿器科クリニック、調剤薬局からなる医療タウンです。地主の方から土地活用の要望を受け、私は独自に専門家のチームをつくり、土地の貸借に関わる交渉から施設建設までトータルでコーディネートしました。まず、地主と開院希望の医師たちとの間を取り持ち、事業に限定して土地を貸し出す事業用定期借地権を設定する交渉を行います。ほかにも、事業計画の策定に必要な資料作成、建築許可や砂防法関連の申請などやるべき事柄は多岐にわたります。一連の工程を着実に進めるには、土地家屋調査士、開発申請を行う行政書士、医療系コンサルタントといった専門家が必要で

- 扉はすべて引き戸
- 空気式床暖房で
室温のバリアフリー対策

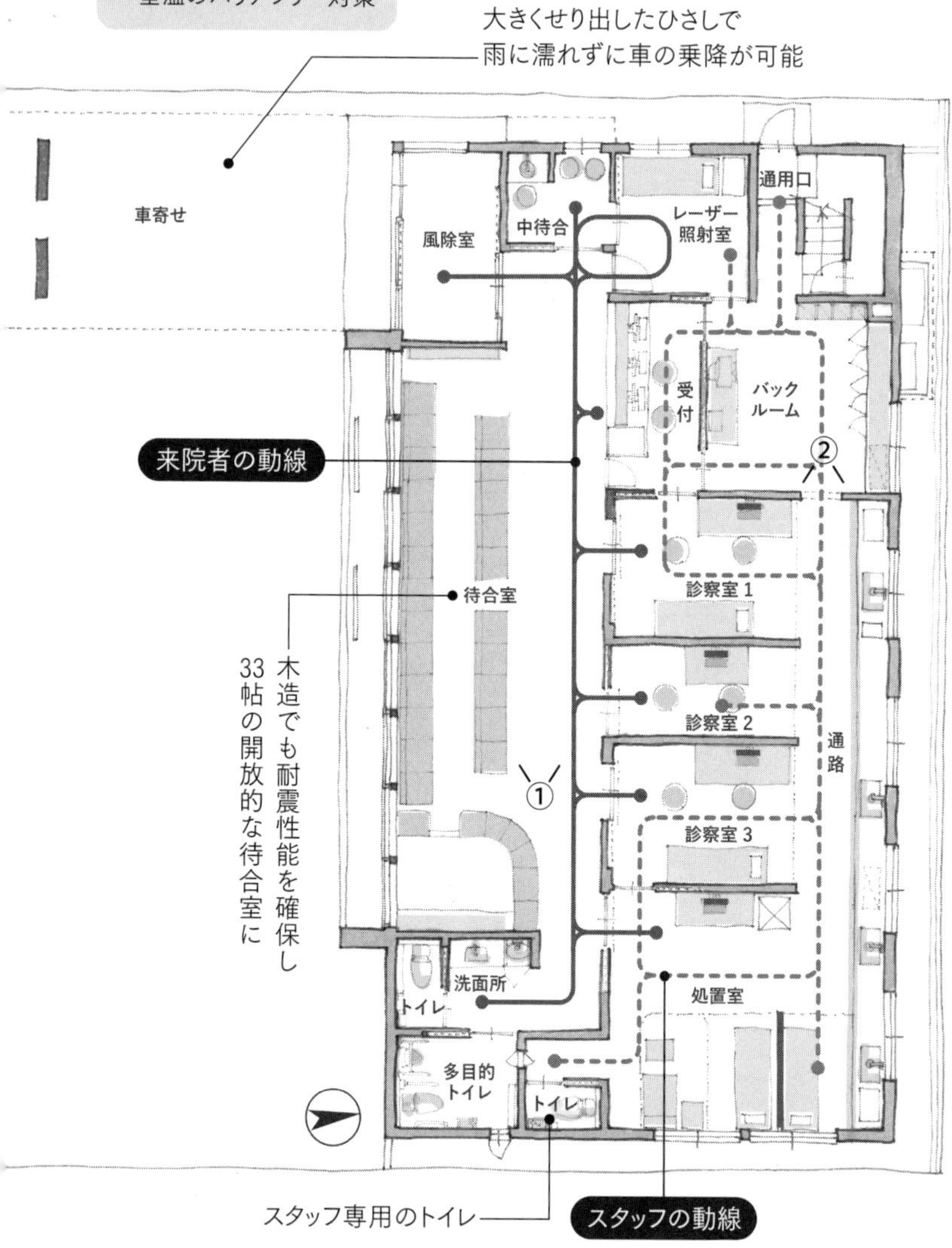

• 見取り図内の番号は各写真番号からのカメラアングルです

①木の温かみを感じる開放的な待合室

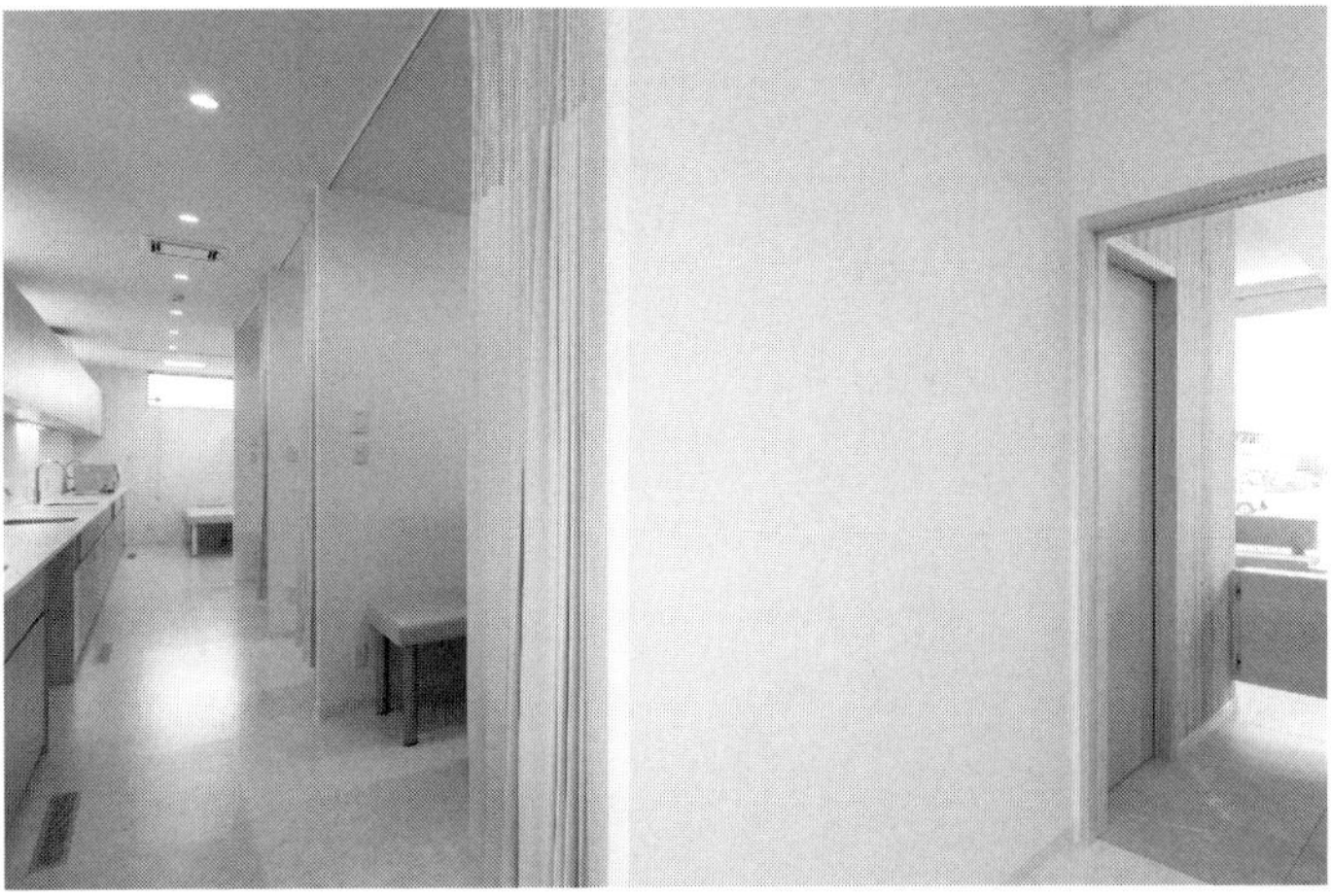

②作業効率をアップするスタッフの動線

す。各分野のプロと力を合わせそれぞれの知識と経験を生かすことで、地主と医師それぞれにメリットが得られるよう配慮し、医療タウンづくりを進めました。建設には医療機器メーカーや各種設備事業者なども加わり、阿部建設が一括施工したので、全体のデザイン性に統一感があり、工期やコストを抑えることができました。ワンストップで顧客の要望を実現し、ベネフィットを実感してもらうことが、私がコーディネートするチームの目指すところです。

開放感のある空間を木造でつくるには

一貫して「木の家」をつくり続けてきた阿部建設は、木造建築のメリット・デメリットを熟知しています。木造建築は間取りの自由度が高く、RC造（鉄筋コンクリート造）や鉄骨造に比べて建築コストが抑えられるのが大きなメリットです。一方木造では柱や壁のない大空間をつくるために耐震性を確保するのが、RC造や鉄骨造よりも一般的に難しいという問題があります。そのため、皮ふ科クリニックには地震や強風に強い耐力壁を許容応力度による構造計算により適切な量とバランスで配置すること（Aパネ工法）で耐震性能を確保しながら、約33帖もの広さで天井が高い開放感のある待合室をつくりました。木が持つ香りや温もりも大切にし、天井や壁、建具などに用いて、心地良く過ごせる空間デザインに仕上げています。

裏動線を確保して働きやすさに配慮

クリニックでは患者さん、職員双方の快適性を重視しました。バリアフリー住宅でもポイントとなる「温熱環境」を整え、診察室や待合室はもちろん、廊下、トイレ、レントゲン室などどこにいても寒かったり暑かったりすることがないようにしました。一定の温度を保つことは、職員のコンディションや働きやすさにつながります。

「裏動線」にも着目し、使い勝手の良いレイアウトにしました。受付から診察、診察から処置や検査といった患者さんの「動線」に呼応して、職員がスムーズに対応する「裏動線」は、施設建設に必要な考え方です。診察や処置のために移動する距離はできる限り短くし、用具をしまう収納スペースは使いやすい位置に設計。働く人たちが疲れにくいことと同時に、極力無駄を省き、経営上の生産性や効率性を高めることに重点を置いています。

障がい者就労を農業で支援

2軒目は、障がい者の生活介護と就労の機会を提供する多機能型事業所です。

日本では障がい者の職業の安定を図るため、「障害者雇用促進法」により民間企業や国、地方公共団体などに対し、常時雇用している労働者の一定割合に相当する人数以上の障がい者の雇用を義務づけています。これに加え、法定雇用率を超えて障がい者を雇用する企業には補助金を与え、未達成の企業からは納付金を徴収するという仕組みを設けていますが、企業数が少ない地域では特定の企業に応募が殺到して対応しきれなかったり、「障がい者を雇うよりも納付金を納めたほうが経営上のメリットがある」と考える経営者が存在したりといった事情で、十分に機能していないのが現状です。

多くの場合、障がい者はその親のサポートを受けて生活しています。親が元気なうちは面倒を見ることもできますが、お互いに高齢となると「親亡きあとに、どのようにして生きていくか」という、避けては通れない問題に直面します。この施設は、農業を中心とした仕事を通して豊かな生活を送り、地域の中で育っていくことを目指し、2021年4月に開所しました。その道のりをご紹介します。

農作業を快適にするさまざまな工夫

ある社会福祉施設の理事長から「農業と福祉をテーマにした社会福祉施設を建てたいと考えているのですが、アドバイスをもらえませんか」と相談を受けたのは、2018年5月のこと。「障がい児とそのご家族を対象に、地域ぐるみで子育て・療育・余暇活動・文化活動などを支援するとともに、幅広い年齢の障がい者に農業を通じて働く場を提供したい」というご希望でした。

依頼主は、2016年に地主の厚意で借りた1000坪の農地で農業を始めており、その土地に施設を建てたいと私に相談がありましたが、さまざまな理由で許可が下りず、一旦振り出しに戻り土地から探すことになりました。それから探し続けること約1年、依頼主が当初から気になっていた街のメインストリートに面した一角に、地形が良く、生活環境や交通の利便性の面でも理想的な土地が売り出されていることを知り、さっそく交渉することに。当初はかなりの高値を提示されましたが、私が交渉のアドバイスを何度も行い、最終的には適正価格で購入することができました。

設計段階では、施設側からの「事業を通して地域のさまざまな人々との交流が広がるよ

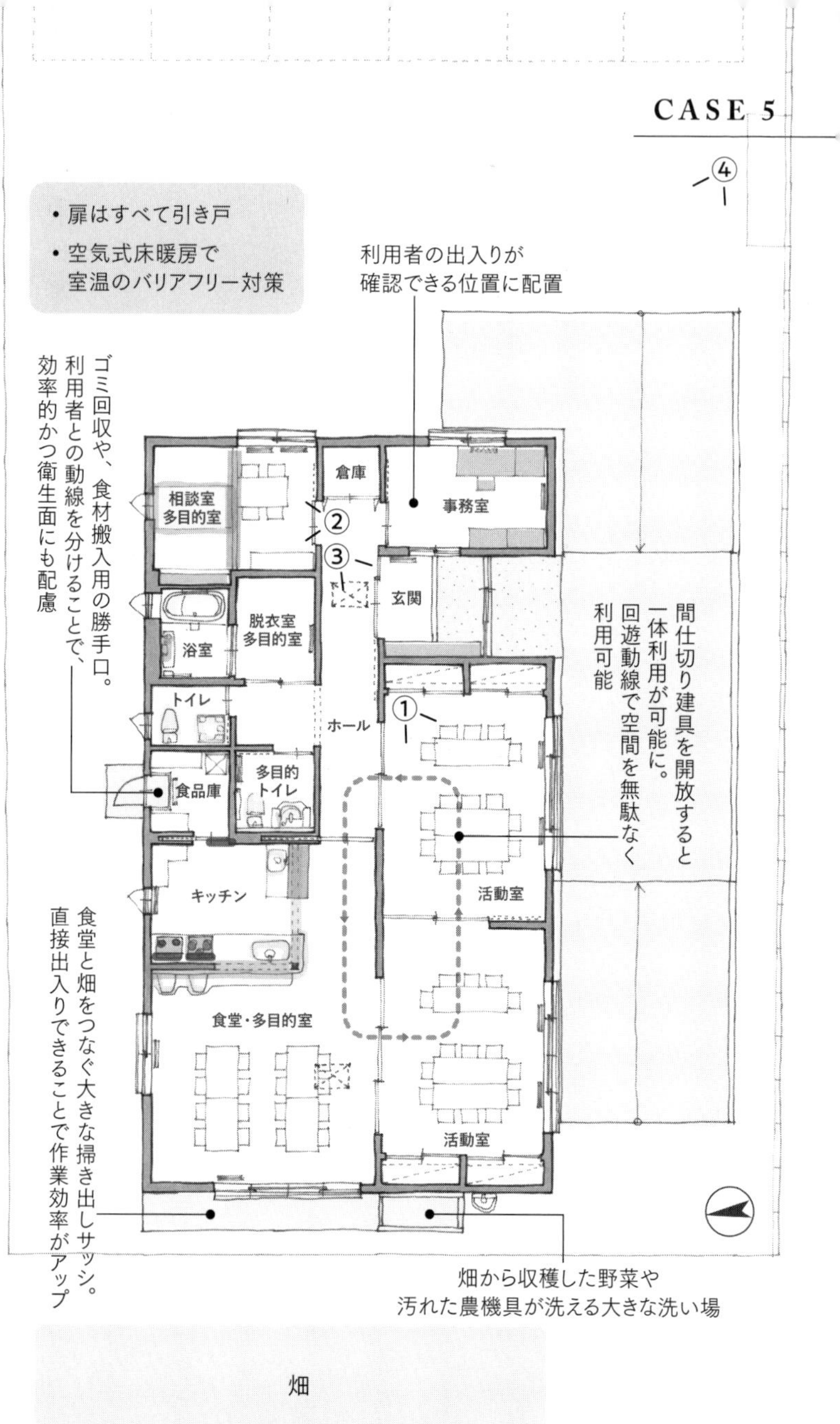
④
・扉はすべて引き戸
・空気式床暖房で
室温のバリアフリー対策
利用者の出入りが
確認できる位置に配置
ゴミ回収や、食材搬入用の勝手口。
利用者との動線を分けることで、
効率的かつ衛生面にも配慮
相談室
多目的室
倉庫
事務室
②
③
玄関
浴室
脱衣室
多目的室
トイレ
ホール
①
食品庫
多目的
トイレ
間仕切り建具を開放すると
一体利用が可能に。
回遊動線で空間を無駄なく
利用可能
キッチン
活動室
食堂・多目的室
活動室
食堂と畑をつなぐ大きな掃き出しサッシ。
直接出入りできることで作業効率がアップ
畑から収穫した野菜や
汚れた農機具が洗える大きな洗い場
畑

・見取り図内の番号は各写真番号からのカメラアングルです

①施設の中の様子も見える大きな掃き出し窓のある広く開放的な活動室

②利用者はもちろんスタッフの休憩や体調不良時にも有効な小上がりスペース

③木をふんだんに使用した広く段差のない玄関が利用者を心地よく迎えます

④リフト付きバスも安心して利用できるよう平場スペースを確保したエントランス

うな場にしたい」という要望を受け、間口を広く、奥行きを浅くすることで誰でも気軽に入れる雰囲気を目指しました。

建物の西側に広がる畑では、地域の農家の方らに学びながら利用者が農業者となり、さまざまな生産活動を実施したり、年間を通じてたくさん収穫される玉ねぎ、じゃがいも、大豆・枝豆、さつまいも、落花生などを使った調理実習を行ったりできるように計画しました。

畑に面した一角に食堂への出入り口を設け、直接収穫物を受け渡せる仕様にしました。また脇には洗い場があるので、外で野菜の泥汚れをきれいに落としてから運び入れることができます。また畑の一部には地域の方々からの要望があった売買コーナーや、ピザ窯も設置しました。

食堂脇のキッチンには、調理実習を行いやすいようにコンロを2台設置。シンクもふたつ設け、一方では食材を洗い、もう一方では洗い物を済ませるといった効率の良い使い方ができるように工夫しました。キッチンの奥にある食品庫は勝手口で外とつながっており、食材搬入やゴミ搬出はここから衛生的に行えます。現在は週に2~3回、利用者と職員でランチをつくるほか、週に2回は地域のボランティアふたりがそれぞれこのキッチンで食事をつくり、利用者に提供するという試みも行われており、「大変使いやすい」とお喜びいただいているそうです。

地域の人々も気軽に訪れ、交流できる場に

全体的なつくりに関しては「明るくて暖かく、木の香りがする建物にしたい」とのことだったので、やわらかな日差しがたっぷり入る南側に各活動室を設けました。大型の引き戸を開け放てば活動室と食堂が行き止まりのない回遊動線になり、フレキシブルな使い方ができます。

水まわりの脇にある相談室・多目的室に小上がりの畳スペースを設けたのは、体調が悪い利用者が休んだり、職員が束の間の休憩を取ったりする場として使えるようにするためです。窓からはシンボルツリーが見えるこの空間は、利用者にも職員にも「心が休まる」と好評とのことでした。

まだ開所したばかりで利用登録者は少ないですが、今後増えることを見越して、建物西側に増築できるように設計してあります。建物全体を木の温もりが包み込むこの施設には、利用者の夢や希望、そして無限の可能性が広がっています。

第４章
車いす建築士が誕生するまで

退院後に気づいた我が家の真価

誰しも障がいを負ったり、病気などで身体が不自由になったりすれば、生きる意欲を欠くのは当然のこと。そんな時だからこそ、バリアフリーコーディネーターが社会との架け橋になり、家づくりを通じて前向きに生きる力を引き出すきっかけがつくれるのでは――。

それを初めに教えてくれたのが、我が家でした。病院のICU（集中治療室）を出た約2週間後から社会復帰に向けた懸命なリハビリを行っていましたが、退院直後は靴を脱ぎ履きするのも一苦労。私自身も家族も障がいを受け入れることができず、「これからの人生を、何を軸にして生きていけばいいのか」と大きな苦しみを抱えていました。

そんな私を、我が家は温かくどっしりと迎えてくれました。この家は、街並みと一体化したシンプルなデザインと、「居心地の良い家」を追求し続けた建築家の故・永田昌民さんに設計を依頼し、事故の2年前に建てました。受障後に暮らしてみて初めて気づいたのですが、そもそも永田さん設計のこの家は、適度な幅の廊下や多くの引き戸、光が入る突き当たりの窓や一直線な水まわりなどが兼ね備えられている、バリアフリー住宅だったのです。したがって、車いす生活者になった私でも快適に暮らせる仕掛けがすでにできあがっており、少しのバリアフリーリフォームを施すだけで済みました。

最も重要さを実感したのは、空気式床暖房である「ＯＭソーラー」を使用した省エネで快適な温熱環境です。リビングもトイレも洗面所も温度ムラがなく、どこにいても暖かく過ごせることは、入院生活で体力が衰えてしまった私にとって社会復帰への大きな助けとなりました。

この経験を通じて、障がい者であっても健常者と変わらずに活動できる住まいがあることが、障がい者本人とその家族をどれだけ勇気づけるのかを強く実感しました。そして、障がい者・高齢者の住まいを快適に生まれ変わらせることが、これから自分がやるべき仕事なのではないかと思い至ったのです。

祖父が教えてくれた建築士としての矜持《きょうじ》

現在、私が５代目社長を務めている阿部建設は、日露戦争が終結した１９０５年に創業。私が大学卒業後に愛知トヨタ自動車株式会社を経て入社した１９８９年は、父である美男が３代目社長として経営を担っていました。

阿部建設の土台を築いてくれたのは、祖父である2代目社長・貞一です。祖父は尋常小学校卒業後、すぐに大工職の道に入り、実父の指導のもと腕を磨きました。第二次世界大戦の始まりとともに戦時統制が強化されてからは、軍の仕事を行う東土建株式会社の取締役に就任。終戦直前の1945年5月頃には、空襲に備えて名古屋城の金鯱を取り外す作業なども担当しました。

終戦後は自宅と工場が奇跡的に空襲を免れたことや、倉庫の木材が大量に残るという幸運に恵まれたことを足掛かりに戦災復興に着手。製材の整備などが欠乏する中で学校建築や教会などの施設建築に取り組み、山から買い付けた木材を学校の校庭に仮設した製材工場で加工するなど、物流費や製造費をコストダウンする斬新なアイディアも編み出しました。

祖父は高度経済成長にもバブル経済にも踊らされることなく、常に時代が求める建設業の在り方を模索し実行するという、時代の一歩先を行く経営姿勢を貫き通しました。

「建築業は大きくしてはいけない。大きくするとできもののように潰れてしまう。大きいことが決して良いのではない」という言葉は阿部建設の社訓となっていますが、これについて真に理解できたのは、「車いすの一級建築士」として工務店のリーダーになってからのことです。

5代目社長に就任して

阿部建設が創業100周年を迎えた2005年に、私は5代目社長に就任。それと同時に、私は祖父の教えを受け継ぎ、住宅を中心とした「家づくり工務店」になろうと決意しました。阿部建設が得意とするのは、オーダーメイドの木の家づくりです。地域の経済循環に寄与すべく、建築材料には近県や国内の木材を存分に活用。風合いだけを似せた人工建材はなるべく使用しない代わりに、使い込むほどに美しさも愛着も増す自然素材を積極的に取り入れています。

自然素材はひとつとして同じ表情がなく、時間の経過とともに美しく変化する「経年美化」を楽しむことができます。またそれ自体が呼吸する木や漆喰といった建材は、使用するだけで室内の湿度調整が促されるので高温多湿の日本にぴったり。断熱・気密性能を確保した上で、夏はからりと、冬は乾燥せずに暖かく過ごせます。

私が車いす生活者となってからは、阿部建設の家づくりの大きな柱にバリアフリー住宅・施設が加わりました。また2020年からは、名古屋城天守閣木造復元の整備における昇降新技術公募に委員として参加することになりました。70年以上の時を経て、祖父と縁深い名古屋城の整備事業にバリアフリーという観点で関われたことに、運命的なものを感じずにはいられません。

創業100年企業だからこそ分かること

3代目社長の美男は、父親の死とバブル崩壊という大きな転機に、阿部建設の方針を建築の中で最も健全で、最も人々に喜ばれる住宅建築に転換し、「地域に必要とされる工務店」としての存在価値を示しました。それを引き継いだ私も同様に、阿部建設の伝統を踏まえつつ、ご依頼主に「阿部さんに頼んで良かった」と言ってもらえる家をつくる工務店でありたいと思っています。

それと同時に、時代の波に翻弄《ほんろう》されながらも冷静に大波を凌いできた先人たちの姿から、会社が存続し続けるためには時代や消費者ニーズの変化に対応し続けることがいかに重要かを実感しています。「柳に風折れなし」という言葉通り、柳の大木のように風が吹いても抗うことなく、しなやかに枝をなびかせる――。全国にわずか約3万3000社しか存在しないという創業100年超の長寿企業のひとつだからこそ、これからの時代にはますますこのような柔軟な発想が求められるはずです。

阿部建設にとってまさにそのひとつが、バリアフリー住宅・施設づくりです。急激に高齢化が進む現在だからこそ、これまでの住宅のように目先のデザインや安さにとらわれるのではなく、老後にわたって何十年も住み続けることを前提につくり、長く大切に暮らす。それを叶えてくれるバリアフリー建築や、太陽光発電などを取り入れたランニングコストを抑えた家は、まさに時代のニーズに対応したものだと言えるでしょう。しかもバリアフリー建築は、一軒一軒オーダーメイド。家づくりを通じてそこに住まう一人ひとりの個性を尊重し、無限の可能性を引き出すことができるのです。

建築士と障がい者のふたつの視点

現場復帰を果たすにあたって、高齢者対応のバリアフリー住宅や施設を見学してまわった際には、「これって大丈夫？」と思う空間や、「なぜこんなことになってしまうのだろう」と考えてしまう場面が多々ありました。

通常、建築士がバリアフリー住宅や施設を設計する際は、バリアフリーに関する一般的な知識をベースにして、デザインや間取り、仕様を決定します。建築士は設計のプロではありますが、障がい者・高齢者とは目線や感覚が異なるため、これらの標準的なものさしのみに頼ってつくられるケースがほとんどです。

また、最近ハウスメーカーにバリアフリー住宅の設計を依頼したという方から、こんな話を聞きました。その方は担当者から「お客様はどんなバリアフリー住宅に住みたいですか？　当社にもあまりバリアフリーの事例がないので、一緒に考えていきましょう」と言われたそうです。自分達も経験がないのにどう対応していいか分からず困惑したそうです。

最近は、医学の進歩により障がいを持って生まれたお子様を介助されるご家族が増え、相談を受けることもあります。その際に、今後段階的にバリアフリーが必要となることをこちらが提案しても、状況が想像出来ないためか、コストやデザインに注力し、真のバリアフリー住宅を理解していただけない場合もあります。

さらに問題なのは、できあがったバリアフリー住宅の質に対する基準がないことから、提供されたバリアフリーがどんなに粗雑なものであったとしても、使う側が「これが最善」と捉えてしまうことです。建築士とはいえ、最初からうまくバリアフリー住宅を設計できるとは限りません。これ以上ミスマッチが起きないように、私はもっとバリアフリー住宅の質を向上・検証する仕組みが必要だと考えています。

また車いすが通れるように廊下を広げようとすると、通常は柱の位置を変えるなどの大規模な工事が必要になりますが、実は車いすをコンパクトにしたり、動線を真っすぐにしたりするだけでまったく問題ないといったケースもあります。こうした時に設計者が適切な見極めができるか否かで施工費にも大きな変動があるため、あらゆる専門的知識が必要とされます。私の場合はそのほとんどを、自らの車いす生活とご依頼主の動きを注意深く観察した中で学んだように思います。

このような経験を積むうちに、いつしか私は「建築士と障がい者のふたつの視点を持つ」ということを意識しながら設計を行うようになりました。そうして設計された「介助・介護者にも優しい空間」こそが、真のバリアフリー住宅だと思うのです。

施工中も現場に足を運ぶ理由

設計の段階で「これをつければ、こんなこともできるようになりますよ」という基準を示すことで、未来を真に希望に満ちたものへと変えていくことも、バリアフリーコーディネーターの重要な役割です。特にご依頼主がリハビリ中の場合、生きる目的や希望を持つことはモチベーションの維持に大きな影響を及ぼします。

現場チェックの様子

このことから、ご依頼いただいた際にはリハビリ中から「退院後は家でどんな車いすに乗るか」「乗り移る際にはどのような方法を取るか」といったことまで相談にのり、作業療法士や理学療法士と協力しながらそれに合わせたリハビリを行っていただくことにしています。また設計段階では実寸大の設計図を用意して床に並べ、実際に車いすで出入りできるのかを細かくシミュレーションするなど、常にチェックを怠りません。

また、どうしても設計上の問題で空間が確保できない場合は、「トイレを新設するならリハビリマッサージをするスペースを削らなければいけないけれど、近くにあるこの施設でなら行えますよ」といった風に、具体的かつ実現可能な提案をすることにしています。

阿部建設では、確かな技術と知識を身に付けたスタッフや大工たちが的確な仕事をしてくれているので、図面さえ決定すれば設計士の私が現場で陣頭指揮を執る必要はありません。しかし、私は設計士であると同時に、家づくりの最終責任者でもあります。そのため施工中も基本的に数回は現場に出向き、私の意図した空間になっているか確認します。

とはいえ、車いすの私は2階建ての住宅現場をひとりで見て回ることはできません。よって、スタッフや大工などにおんぶしてもらって各階を回ることになります。また、トイレや洗面所といった水まわりは、実際に車いすに乗って精査し、想定通りに便器に乗り移れるか、乗ったままでも物が取れるかといった項目を何度もテストします。また最近では、オンラインでカメラを使用して現場を確認することもあります。

こうすることで、車いす目線と介助者目線の両方で、思い描いた空間になっているかをチェックできます。これもまた、建築士と障がい者のふたつの視点を持つ設計士ならではのこだわりだと言えるでしょう。

障がいを受容できなかった自分と家族

今でこそ、「真のバリアフリー住宅を追い求めることが、私の使命なのだ」と断言できる私ですが、事故後から数年間は「自分の障がいをどのように受け止め、どう位置づけるのか」という障がい受容がままならず、自分の殻に閉じこもる日々を送っていました。

なかでも職場復帰にあたっては、「事務所の自分の作業スペースをどう確保するか」「スタッフとコミュニケーションするための動線づくりは」「トイレをどう改修するか」など問題点が山積みで、時間にも気持ちにも余裕は一切ありませんでした。

その焦りから頭の中は常に自分のことでいっぱいで、周囲の人々を思い遣ることがおろそかになっていたかもしれません。その結果、家庭では妻や3人の子どもたちとの間に深い溝ができ、仕事現場で手を貸してもらいたいことがあっても、スタッフに助けを求めることさえためらってしまうという有り様でした。

先に述べたように家族との間には、小学生だった子どもらに「恥ずかしいから来ないで」と授業参観を拒否されてしまったという、忘れられない出来事もありました。それを妻から聞かされた私は、「車いすには乗っているけれど、仕事も持っているし、胸を張って堂々と生きているよ」と伝えましたが、子どもたちは多感な時期で、ある日突然、父親が車いす生活者になってしまった現実を受け入れるには時間を必要としたのです。

そして妻も生活が一変し、戸惑いと不安を抱えていたと思います。周囲の車いす生活者に話を聞くと、夫婦のどちらかが障がいを負ってしまったことで、お互いの精神的苦悩や疲弊が大きくなってしまったり、夫婦間での意見や性格の不一致が明るみに出てしまったりするケースも多く、別居や離婚に踏み切ることも少なくありません。私たち夫婦も「一旦離れて冷静に考える時間を持ったほうが良いのでは」と考えたこともありました。

真っ二つに割れた周囲の人の反応

そんな私が少しずつ障がいを受け入れるようになれたのは、温かく見守ってくれた周囲の人々のおかげでした。もちろん、車いす生活者になった私を全力で助けてくれた人もいれば、「関わるのが面倒だ」とでも言うように、離れていった人もいます。事故に遭った直後から頭では分かっていたつもりではありましたが、実際に経験してみると冷酷な現実を改めて思い知らされました。

しかしながら、疎遠になっていた人が「事故に遭ったと聞いたけど大丈夫か」と連絡を

2002年、家族みんなでの京都旅行でのスナップ。この数日後のオートバイレース中の事故により車いす生活となる

くれたり、「困った時にはいつでも相談にのるよ」と声をかけてくれたりと、支えてくれる人のほうが多く、感謝の気持ちが湧き上がったことを覚えています。これは、とことん我が道を行く性格だった事故前の私からは考えられない心境の変化でした。

また、バリアフリーコーディネーターという天職と出会ったことでキャリアの方向性が定まり、それまで以上に設計業務に邁進していきました。社長に就任した直後の2005年5月には、阿部建設が愛知万博に中小企業として参加し、愛知県産材の木材で作られた木の箱を出展するという大イベントもありました。弊社のような中小企業が万博に出展するのは万博史上初であり、何より名誉なことでした。

それと並行して、「マイノリティと接する機会が少ない子どもたちに、もっと障がい者のことを知ってもらいたい」と学校や自治体からの依頼を積極的に引き受けるようになり、講演会や体験を語る会で話をさせていただくことが増えました。

障がいをものともせず必死に働く私の姿を見て、家族が障がい者になった私を少しずつ受け入れてくれるようになったのも、ちょうどこの頃。ある日、体育館で行われた長女の展示会を家族総出で観に行くことになり、みんなの笑顔を眺めながら「やっと家族の新しい生活が始まったんだな」と思ったことを覚えています。

こうして健常者だった頃とはまったく違う世界を見るうちに、利己主義で傲慢だった自分はいつしか影を潜め、友人からは「阿部さんは車いすになって性格が良くなったよね。昔のままだったら、とっくにみんなに嫌われてたよ」と言われるまでになりました。

漫画『パーフェクトワールド』のモチーフに

もうひとつ、車いすの建築士としての自分を受け入れる大きな足掛かりになったのが、漫画家である有賀リエさんとの出会いでした。有賀さんは、車いすの建築士・樹《いつき》と、その同級生であるつぐみの恋模様を描いた漫画『パーフェクトワールド』（講談社）の作者で、担当編集者を通じて私に取材協力を依頼されたのです。２０１４年の連載開始後、脊髄損傷者の直面する問題や、それを取り囲む人々の現実を丁寧に描いた同作は大きな反響を呼び、映画化やドラマ化も実現しました。

初めに「女性向け漫画誌の『Ｋｉｓｓ』で、車いす生活を送る若者を主人公にした作品をつくりたいので、お話を聞かせてくださいませんか」と連絡が来た時には、一般的にはマイナスイメージが強い障がいの現実を恋愛漫画に盛り込めるのか、それ以前に車いすの男性が主人公になり得るのか、何から何までまったく想像がつきませんでした。

しかし、そんな私の不安を知ってか知らずか、有賀さんはことあるごとに私の元を訪れ熱心に取材され、車いす生活者の実体験や想いを物語に織り込んでくれました。また題材に合わせて車いす生活者の知人たちに協力を依頼することもありましたが、みんな快く応じてくれ、障がいを負った経緯から夫婦関係に至るまでさまざまな話をしてくれました。

有賀さんの車いす生活者の描写は、当事者の私が読んでもまったく違和感がないものでした。例えばデート中に樹が通行人から視線を向けられ、それに対してつぐみが不快感を抱くところでは、受障後に初めて外出した時の居心地の悪さを思い出したものです。

樹が「ウンコもらすことあるよ」と口にするシーンは、もしかすると女性漫画のヒーローとしては珍しいのかもしれません。しかし、脊髄を損傷すると下半身のコントロールが利かず、腹圧がかかるとそうしたことも起こり得ます。私がお話ししたことがリアルに描かれていることに驚くと同時に、深く感動しました。

一方で単行本の2巻にあるつぐみが駅のホームから落ちるシーンは、私が提案した「つぐみと樹が河原を散歩していて、堤防のところから樹が転がり落ちてしまうというシーンはどうでしょう」という提案とは真逆のシチュエーションでした。日常生活で常に怪我の危険にさらされている私には、健常者であるつぐみのほうが事故に遭うという発想はまったくありませんでしたが、有賀さんは取材対象者が一様に「大事な人のために何もしてあげられないことがつらい」と言っていたのを耳にして、このシーンを描こうと思ったそうです。

生後19カ月で視力と聴力を失いながらも社会活動家として活躍したヘレン・ケラーの名言に、「障がいは不便です。でも、不幸ではありません」というものがあります。有賀さんが描いた世界は、まさにこの言葉を体現するものであり、私の心の叫びそのものでもありました。それと同時に、その不便は周囲の配慮や協力、専門家の工夫や対策次第でいくらでも解消できるということに思い至り、「バリアフリー建築も、その一端を担っているんだ」と強く実感したのです。

社会生活において、障がい者は憤りややるせなさを常に抱えています。同作にはそういった胸の内が絶妙な切り口で描かれており、「これでいいのだろうか」と揺らぎ、悩む登場人物たちにも人間味と魅力を感じました。そんな登場人物たちだからこそ、多くの読者が「もしも自分だったらどうするだろう?」と感情移入できたのでしょう。私も取材協力者であると同時に、そのひとりでした。

松坂桃李さんの役作りにも協力

2019年4月期にフジテレビ系でドラマ化した折には、樹を演じた俳優の松坂桃李さんの関係者から「実際に仕事や生活する様子を見たい」という依頼があり、会社と私の自宅にて応じることになりました。

松坂さんは、私の日常的な動作をつぶさに観察しながら「こんな時はどうされていますか？」と事細かに質問されました。また、実際に車いすにも乗車され、操作を身体に馴染ませようと懸命に練習を重ねていた姿が印象的でした。

のちのインタビューで松坂さんは、「事務所もご自宅も、スロープだけでなく緑もあって目に優しく、デザイン性が高いバリアフリー空間だった」と述懐され、私のことを「とても優しいと同時に、とにかく強い意志を感じました。だからこそ樹も建築士として、自分に厳しいんだな」と話されていたそうです。大変光栄なことです。

登場人物の言葉を通して障がい者の想いを、当事者ではない人々や若い世代にリアルに伝えてくれた同作は、まさに私が考えていたことが具現化された世界でした。当時の私はバリアフリーコーディネーターとしての展望や夢を持ちながらも、世の中に対して将来的ビジョンをどのように提示すべきか、今ひとつ明確な答えを出せないでいました。

しかし漫画・映画・ドラマともその反響は予想以上に大きく、私の元にもメディアからの取材依頼が舞い込んだり、SNSを通じて読者の方々からの嬉しい反響をいただいたりする中で、「このまま進めばいいんだよ」と背中を押されたような気がすると同時に、「これからの人生をこう歩むんだ」という方向性がはっきりと浮かび上がってきたのでした。

障がいを受け入れることの難しさ

病気や事故が原因で障がいを負った中途障がい者は、なかなかその状況の変化に対応できず、引きこもりがちになります。なかには将来を悲観してできるはずの仕事を辞めてしまったり、精神障がいなどの二次障がいを発症してしまったりする人も見受けられます。

家づくりにおいて、そうした方々の「心のバリア」を取り払うのは並大抵のことではありません。だからこそバリアフリーコーディネーターである私は根気よく相手の心の声に耳を傾け、本音や希望を引き出し、「それならこんな家をつくりましょう」とそっと背中を押してあげなければいけないのです。

バリアフリー住宅を建設するにあたっての確認事項は、一般の住宅建設の約3倍にまで膨らむこともあり、それをご依頼主に説明するには時間も労力も要します。その特殊な構造ゆえ、どれだけ丁寧に説明しても実際に住んでみるまで設計の真意を理解してもらえないことも多々ありますが、引き渡し後に苦情を受けたことは今までほとんどありません。阿部建設は維持・管理・修繕といったアフターフォローにも力を入れているため、定期的な点検・家守りを行う施主の会である「香りの会」を通じて多くのご依頼主と長くお付き合いを続けますが、みなさん口を揃えて「阿部さんに頼んで良かった」「住んでみて、おっしゃっていた意味が分かりました。とても使い勝手がいいです」と笑顔を見せてくださいます。

ある時、車いす生活者になってから家に引きこもりがちになり、「介護してもらうのが当たり前」と横柄になってしまったことが原因で離婚してしまったという方からバリアフリー改修を依頼されたことがありました。彼の「ひとりで外出できるようにしてほしい」という希望に応えて段差昇降機を設置したところ、少しずつ外に出られるようになり、社会参加が増えていった結果、心理カウンセラーの資格を取得されました。そんな彼の姿を見て、離婚した奥様とお子さんが介護を手伝ってくれるようになり、そうこうしているうちに復縁することになったそうです。

現在では、家の庭に新設したバリアフリーの書斎小屋でご主人が心理カウンセリングを行い、奥様はそれをサポートしています。その姿を見たご長男が大学で福祉学を学び、先日、社会福祉士を目指して就職することが決まったと報告に来てくれました。

こうしたご依頼主の変化を目の当たりにするにつけ、バリアフリー住宅が持つ無限の可能性と、バリアフリーコーディネーターとしての使命を改めて実感し、「まだまだできることがある」と決意を新たにするのです。

車いすになってからも身体はどんどん変わる

この20年間で私自身の身体には、加齢による体力低下や車いす生活で生じた褥瘡《じょくそう》や、身体を酷使したことによる頸椎椎間板ヘルニアなど、数々の異変が現れています。

手動の車いすで生活するには手でこぐ腕力が必要ですし、トイレや乗車の際は腕の力だけで乗り移ります。しかし、加齢による筋肉の衰えは避けられません。以前なら楽にできた日常の動作でも、最近では体力の消耗を感じることが増えてきました。

床ずれとも言われる褥瘡は、ベッドや車いすに接する部位が圧迫されることで皮膚の一部が赤い色味をおびたり、ただれたりすることです。私の場合は、車いす生活になってから7～8年経った頃に初めて生じ、3度にわたる富士山登頂により急激に悪化してしまいました。

富士山登頂は、私が「いつか富士山に登頂してみたい」と語った新聞記事を目にしたテレビ局の撮影クルーから「ぜひそのドキュメンタリー映像を撮影したい」と依頼されたことがきっかけで挑戦することになりました。残念ながら1度目と2度目のアタックはもう少しのところで失敗に終わりましたが、車いすの改造を手掛けてくださった元世界グランプリライダーの高田孝慈さんや小関光弘さんをはじめ、たくさんの仲間に支えられながら、3度目にして悲願の初登頂を達成することができました。

車いすを手でこいで登るということは想像を絶する過酷な道程であり、結果的には褥瘡の悪化という大変な代償を払いましたが、障がい者が夢を持つことの大切さや、すべての人が助け合いながら公平な社会を目指す「ノーマライゼーション」という考えを私なりに体現できたことから、何ひとつ後悔はありません。

またこの体験を通じて、異なる個性を持った一人ひとりが協力し合うことでチームに厚みが増し、大きな目標を達成できるということを体感し、独善的だった当時の私は目からウロコが落ちる想いでした。とはいえ、以降10年以上にもわたってこの褥瘡と格闘することになろうとは、この時は知る由もありませんでした――。

3度目のチャンスを掴むために

褥瘡は圧力を分散させる機能性クッションを使用したり、頻繁に体勢を変えたりすることで予防とケアができるとされていますが、常に身体の一部が圧迫されている寝たきりの人や車いす生活者にとっては、避けては通れない深刻な問題です。私も坐骨部の褥瘡を長年やり過ごしてきましたが、ついに2020年に手術を受けることになりました。

頸椎椎間板ヘルニアは、ライフワークである車いすマラソンが原因で発症。競技では陸上競技用の車いすに足を折りたたんで乗車し、低姿勢でハンドリム（手でこぐ時に持つ部分）を叩くようにして車輪をこぐため、頸椎に大きな負担がかかってしまうのです。こちらも同年に手術を受けましたが、左手の一部は感覚が戻らず、腕力の一部を失いました。

思い返せば、私が生まれた1964年は晴れて初の東京オリンピックが開催された年でした。それから月日が流れ、オリンピックが再び東京で開催されるはずだった頃、図らずも立て続けに大手術を受けることとなり、不思議と神様から「もう一度ここで人生をリセ

悪天候の中、無事に富士登頂。登山の様子にテレビの取材も入りました

多くの仲間の協力がなければ決して叶わなかった瞬間の一枚

ットしなさい」と言われたような気さえするのです。

それというのも、私は「長い人生の中には運命を変えるような大きなターニングポイントが3度訪れる」と信じていて、1度目は大学の同級生の中で最初に一級建築士の資格を取得した時、2度目は事故により車いす生活者となった時なのだろうと思っていました。

そして人生最後となる3度目の転機が、今なのかもしれません。そんな時だからこそピンチをチャンスに変え、何事にも前向きに立ち向かうことで成功を勝ち取ると強く信じたいのです。

『パーフェクトワールド』のセリフの中にも、「生きる力を引き出す」という言葉があります。障がいを負うとできないことにばかり目がいき、劣等感を抱くことも増えますが、障がいをひとつの個性と捉えることができたならば、生きていく上でのこの上ない武器＝力にもなってくれるはず。私は生涯かけてその事実を、バリアフリー建築という形で表現したいのです。

第5章

バリアフリーの「今」と「これから」

退院で途切れる病院との関係

事故や病気によって中途障がい者となった場合、入院中は医療側が自立を促すためのリハビリなどをサポートしてくれます。しかし、これらの支援は入院中の「期間限定」で、退院後は早い段階で病院との縁が途切れてしまうことがほとんどなのです。

そのため、医療者のアドバイスを元に自宅をバリアフリー化したとしても、病院が指導した改修工事が実生活にどのような影響を与えたか、障がい者の身体にどんな変化があったかといった退院後のフォローは基本的にありません。

その結果、入院中に必死に励んだリハビリは退院後の生活基盤である日常生活動作の向上にとどまり、本来の目的である生活の質の向上にはつながっていないのが現状です。現在は私がそのような方々のサポート役を務めていますが、退院後の日常生活を不安げに過ごすご依頼主を見るにつけ、疑問を抱かずにはいられないのです。

適切な情報のフィードバックは、障がい者やご家族の安心感や満足度を上げるだけでなく、リハビリ業界の質の向上につながります。病院運営を踏まえ、自治体が主導してフォローアップのための仕組みづくりを行うといった構造改革の必要性を感じます。

施設建築における最大の課題は「時間」

第3章でご紹介した通り、私が設計を手掛けるバリアフリー施設は家庭の延長とも言える社会福祉施設が多く、一見すると一般の戸建て住宅のような印象を受けるかと思います。

しかし、社会福祉施設の整備にあたっては経営や運営に関する問題もあるため、最初の打ち合わせから引き渡しに至るまで、さまざまな課題に取り組まなければいけません。

一般の住宅建設と比較して、その期間は長期にわたるイメージを持たれる方が多いと思いますが、実は補助金や事業計画の関係で、設計・施工に費やせるのはわずか一年（年度内）というのが実情です。

施設を運営する側は、その限られた時間で採算を検討したり、農地転用や開発などの許可申請を行ったり、設計・施工業者の入札といった業者選定を行ったりします。また、私たち設計・施工業者もただでさえ複雑な法規や施設構成をクリアしなければいけません。

火災や地震といった災害への備えや、利用者も職員も快適に過ごせる環境づくりには多くの専門家が携わるため、一般住宅と比較してはるかにハードルが高く、申請業務などにもそれ相応の時間が必要です。

完成時期が決まっていて工事期間が短い施設建築では、何とか間に合わせているのが実態です。これでは最低限の安心・安全を確保するのが精一杯で、利用者と職員の快適性が二の次になってしまうのも不思議ではありません。

今後、バリアフリー施設の社会的要請がますます高まるであろうことからも、行政は実態に合わない入札制度や短すぎる工期などを改善する必要があると思います。

注文住宅ならぬ「注文施設」の提案

みなさんもバリアフリー施設を利用する中で、「おかしな場所に多目的トイレがあるな」「いちいち移動しなければいけなくて使いづらい間取りだな」と感じた場面もあるかと思います。しかし、どこかおかしいと思いつつもそれらはすでに完成しており、簡単には正すことができません。

このようなことが起きてしまう原因のひとつは、施設ごとの特徴に合わせた設計がなされていないためです。

本来ならば建物の用途や規模によって、どこまでバリアフリーにするか、そのために間取りをどう工夫するかなどを考えなければいけませんが、定員が100名を超えるような社会福祉施設の設計を主に手掛けている組織設計事務所などは、時間的な制約のため型にはまった設計プランを住宅の延長に近い施設にも当てはめてしまう場合があります。

また、社会福祉施設の設計において特に見落とされがちなのが、職員などの「働く人」への配慮です。バリアフリー住宅の設計ではご家族への配慮を忘れてはいけないのと同様に、施設設計においても障がい者・高齢者といった利用者だけでなく、職員の視点からの利便性や快適性も重視されるべきではないでしょうか。

しかしながら、現在は事業者も設計者もそこまで気が回らず、利用者と職員が同じトイレを利用しなければいけなかったり、職員用の更衣室が男女共同だったりする施設も多くあります。また職員の動線が整理されていない施設も多く、移動に必要以上の労力を奪われている場合もあります。これでは職員の潜在的な不満が溜まる一方で、時間や手間といった無駄なコストも発生してしまいます。

全員の快適性が重視されたカスタマイズがきちんとなされるには、注文住宅ならぬ「注文施設建築」というカテゴリーがあっても良いのではないかと考えます。特に住宅の延長である100坪から300坪程度の施設には、運営面や周辺の街づくりまでを考慮したバリアフリー設計が必要です。

仮に高齢者向けのデザインを障がい者施設に取り入れたとしても、その特性の違いから現時点ではそれほど機能しません。そのため、高齢者が多い施設では扉を色分けする、寝転がることが多い障がい児が集まるならばひとり当たりの面積を基準の1・5倍にするといった、特性に応じた工夫を凝らすことが、設計者には求められます。

車いす生活は「不便」だらけ

近年は、障がいを持つ者も持たない者も同等に生活し、ともに活き活きと活動できる社会を目指す「ノーマライゼーション」を実現するために、多様なバリアフリー設備があります。しかしながら車いす生活者の視点で街を見渡すと、実はさまざまなバリアが見つかります。

例えば、障がい者用の駐車スペースに「車いす優先」と書かれたパイロンが立てられていることがあります。一見すると親切な案内に感じますし、置いていないと健常者や高齢ドライバーがそこに駐車してしまうこともあります。しかし、障がい者がひとりで運転してきた場合、このパイロンは誰が移動させるのでしょうか。

また障がい者・高齢者と、その介助・介護をするご家族が多目的トイレを使おうとした場合、健常者が利用していることが珍しくありません。多目的トイレは誰が使っても良い場所ではありますが、障がい者はここしか選択肢がないため、空くまで待っていなければならないのです。

このような事例を減らすには、障がい者・高齢者を社会から隔離せず、健常者と同じ地域・環境でともに暮らせるような社会的な仕組みをつくる必要があると思います。なかでも要介護者のトイレ事情などは、普段から一緒に生活していなければ分からないことであるため、まずは知ってもらうことから始めなければなりません。

その一方で、設計によるアプローチで解決できるケースもあります。例えば障がい者用駐車場を一般の人が利用してしまう問題は、設置場所を施設のメインの入り口から少し離れた場所に移動させることで改善した例があります。

多目的トイレに関しては、国土交通省が提案している「多機能トイレに関する基礎情報の整理」にあるように、トイレブースの奥に少し大きめの個室を配置する代わりに、入り口付近には特別なトイレスペースをつくらないことで、多くが解決するのではないかと考えます。

それって「バリアフリーハラスメント」かも？

誰もが平等に生活できる社会をつくるべく、バリアフリー設備を整えようとすると、誰を対象にバリアフリーを考慮するかという難問に行き着きます。私自身も公共性の高い施設の新設にあたっては、バリアフリー化とデザイン性を両立させることが非常に難しいと実感しています。

デザイン性を優先してしまったために、障がい者団体から「障害者権利条約や障がい者差別解消法といった法律に違反するのではないか」という意見が寄せられたというケースは珍しくありません。

その一例が、金沢21世紀美術館の正面アプローチです。ここには通路の真ん中に、黄色ではなくグレーの点字ブロックが施されています。

この点字ブロックは美術館前のバス停から続くもので、視覚障がい者の方々にとっては必要不可欠な設備ですが、一方で杖を使う方や足が不自由な方、ベビーカー利用者にとってはその段差がバリアになり得るのです。

またデザイン面でも、展示物だけでなく建物自体の美しさも特色のひとつとされる「美術館」という施設にマッチングしているかどうか、議論・検討の余地があるのではないでしょうか。

この美術館には正面玄関以外に3カ所の入り口があり、各入り口では視覚障がい者専用の案内係を呼ぶことができるようになっています。もちろん、正面からご家族と一緒に入りたいと願う視覚障がい者の想いも理解できますし、その権利もあります。しかしながら、設備が整った入り口を利用することで得られる社会的メリットも大きいと思うのです。

展示だけでなく、建物自体がアート作品と言っても過言ではない美術館の場合は、あえて正面にバリアフリー設備を設けないことでその意匠美が保たれることもあります。また駅などのエレベーター設備についても、設置後には決して安くない管理維持費がかかるため、駅の規模や利用者数に応じて必要最低限の台数でとどめたほうが良い場合もあります。

また、法律では誘導可能な処置を施していれば、必ずしもすべての場所に点字ブロックを設置する必要はないとされています。総合病院ではメインの入り口から総合受付までは点字ブロックがありますが、そこから先の院内には必要最低限しか施されていません。これは、患者によっては点字ブロックが歩行上のバリアとなる可能性があるためで、その代わりに専用の案内係や通路が用意されています。

このように公共施設においては、バリアフリーを願う者が言いすぎても、事業者が聞く耳を持たなすぎても主張が空回りし、まるで「ハラスメント」のように取られてしまうことがあります。

これまで障がい者団体が取り組んできたおかげで、今日では駅などにエレベーターが取り付けられ、障がい者だけでなく高齢者やベビーカー利用者にも広く利用されるようになりました。これは、障がい者団体が粘り強く鉄道会社や行政などと交渉を重ねてきた結果であり、私自身もその恩恵を受けているひとりです。

その一方でバリアフリー機能とデザインを総合的に考え、運営面まで考慮した枠組みを検討しなければ、各所でちぐはぐなバリアフリーが施されてしまいます。このようなケースを今後どのように取り扱っていけば良いのでしょうか。

ここでは点字ブロックやエレベーターを例にあげていますが、それらを否定しているのではありません。社会の中でノーマライゼーションを考えると、バリアフリーをどこまで施すべきかを議論（話し合う、考える）することが重要だと思います。

コーンが置いてあることが多く、一人でいった場合はどけることが出来ない障がい者用の駐車場

車いす優先と書いてあるが満員のことが多い。一度下って上がることも多い

金沢21世紀美術館　正面アプローチ

バリアフリーが「死語」になるその日まで

こうした事案に対応するためには、施設建築を計画・設計する際にバリアフリー機能やデザインを話し合う枠組みが必要となってきます。その先駆けとして注目されているのが、NPO法人 バリアフリー総合研究所です。同団体は石川県建築士会の建築士が中心となって立ち上げたもので、石川県と協力して一般家庭や法人にバリアフリーアドバイザーを派遣し、県からの補助金を活用しながら利用者には無償でバリアフリーに関わる図面作成などのアドバイスを行っています。

20年余りの実績を持つ同団体はバリアフリーアドバイザーや、住宅改修事業者の養成にも力を入れており、定期的にバリアフリーにまつわる知識や見識を深める講習を実施するなどしてバリアフリーに建築士が関わる仕組みづくりを推進しています。

私自身もバリアフリーの相談窓口となる「一般社団法人 バリアフリー総合研究所」を名古屋で立ち上げるにあたってこの講習を受け、「バリアフリー住宅改修事業者認定試験」に合格しましたが、その専門性の高さには驚かされました。

障がい者や高齢者の使い勝手を考慮せず、とにかくバリアフリーにしてしまおうというちぐはぐな現象を改善するには、設計から工事監理まで一貫して行う建築士が調整役として住宅や社会福祉施設、公共施設に至るまで幅広く関わっていく必要があるのではないでしょうか。

そのために専門技術者を育て、組織化する仕組みの構築を建築士会でも全国的に行うべきだと思います。この動きがゆくゆくは国家資格化につながり、高齢化社会に応える受け皿となることを願ってやみません。

現在、日本の高齢者人口の割合は世界最高です。厚生労働省によると、2055年には高齢化率は40・5％に達し、2・5人に1人が65歳以上、4人に1人が75歳以上となる見通しで、バリアフリーの拡充が急がれています。そうなると、将来的にバリアフリーは「特別」なものではなく、むしろ「スタンダード」なものになるはずです。

私の究極の願いは、「バリアフリー」という言葉が死語になること。バリアのない空間がごく当たり前になれば、ことさら強調する必要もありません。

バリアフリーの概念が社会からフェードアウトするその日まで、バリアフリーコーディネーターとして一歩一歩着実に歩みを進めていくつもりです。

特別対談

村田知之×阿部一雄

「患者のための住宅」について考える

Guest 村田知之氏

神奈川県総合リハビリテーションセンター・神奈川リハビリテーション病院
研究部　リハビリテーション工学研究室　研究員

2011年同センター研究部 同研究室任期付研究員。2014年佐賀大学大学院医学系研究科博士課程修了(医学博士)、現職。ロボットを活用したリハビリ及び生活支援ロボットの実証実験や福祉用具などの研究・開発、患者の生活環境整備支援に従事。

※本書では身体に不自由さを持つ方々を「障がい者」と表記しますが、医学用語として使用される本対談内でのみ「障害者」とします。

リハビリ専門病院ならではの取り組み

阿部　村田先生が勤務されている厚木市の神奈川県総合リハビリテーションセンターは、リハビリや障害者への医療に特化した全国でも珍しい県立施設です。さまざまなノウハウが蓄積されていますが、設立はいつ頃ですか？

村田　１９７３年なので50年近く前ですね。現在は常勤医に加え、医療スタッフ、福祉・介護スタッフを合わせると約７００名が勤務しているのですが、これだけのスタッフ数を揃えているリハビリテーション病院は全国でも多くないと思います。

阿部　幅広い地域から患者さんが集まってこられるとうかがいました。先生の所属部署であるリハビリテーション工学研究室は、近年「ＨＡＬ®」「ＲｅＷａｌｋ®」「パワーアシストハンド」といった生活支援ロボットの実証実験の場としても有名ですね。

村田　生活支援ロボットの開発と普及は、私が専門としている工学的支援のひとつです。あとは患者さんの福祉用具の選定や適合を行ったり、住宅の相談にのったりと、社会復帰するにあたっての生活環境整備を医療側からサポートしています。こうしたリハビリテーション工学を取り扱う部署がある病院は、現在のところ全国でも数カ所しかありません。

病院と建築士は連携すべき

阿部　患者さんが退院を見込んで住宅の新築や改修を行う場合、貴院ではどのような流れになるのでしょうか。

村田　病院によっていろいろなやり方があると思

うのですが、当院では改修の場合、患者さんにお持ちいただいたご自宅の図面や写真を見ながら理学療法士や作業療法士などのリハビリの専門家が「ここに手すりをつけてはどうか」「浴室入り口の段差がなくなれば、ひとりでも入浴できるのでは」といった具体的な提案をして、現地調査の際に確認することが多いです。その後、リハビリをする中で、間取りや退院後の生活スタイルに合わせた日常生活動作を訓練していきます。

阿部　実際のところ、私たち建築士は患者さんと病院との話し合いが済んだ後にご相談いただくことがほとんどなので、患者さんやそのご家族からの限られた情報しか得られず、設計に生かせないことが多いのです。バリアフリー改修にあたっては、住まい手の障害状態や将来的な身体的変化についても正確に把握することが必要不可欠ですか

ら、本来ならば建築士が医療機関と直接つながって的確な情報を得られるのが理想的なのですが。

村田　病院としても、患者さんがこれからどんな風に暮らしていきたいか、それを実現するためにはどんな家がいいのかを一緒に考えていく場に建築のプロがいてくださったら、より良い提案ができるのは間違いないです。私自身は大学の建築学科を卒業してから医学の道に入った身なので例外ですが、一般的な医療者は医療知識を深めるのが本業ですので、建築にまつわる専門知識を積む機会は限られているのが現状ですね。

阿部　患者さんと病院が住宅のバリアフリー化について話し合う場に建築士が立ち会うのは、やはり難しいのでしょうか。

村田　そうですね。基本的に当院で行われているのは治療や医療に関連した意見交換や打ち合わせが中心なので、現状では難しいかと思います。ただ、実際には当院でも工務店や福祉用具販売店と、患者さん、理学療法士、作業療法士とで意見交換する場面はありますし、住宅改修に特化した意見交換や打ち合わせの機会を設けている病院もあります。

阿部　そうなのですね。以前、この問題を解決するために「最低限ここまでやればいいという、基準のようなものを設けてはどうか」と提案した建築士がいたのですが、バリアフリー住宅は一軒一軒がオーダーメイドなのでかなり難しいのです。私の経験では病院関係者や福祉用具事務所の方々と一緒に現地調査を行うと、意見交換を通じてお互いに理解が深まり、住宅の完成度が格段に上がることが多いので、やはり医療と建築の連携は必要なのではと感じています。

村田　当院でも、現地調査の際には建築士や福祉用具事務所の方々にできるだけ立ち会っていただくようにしています。実際に目で見て確認するのは、患者さんと関係者の双方に大変有効だと思います。

患者の希望を叶えるそれぞれの取り組み

村田　身体能力や生活スタイルは人によって違う

ので、基準をつくろうにも判断基準が難しいですよね。あとは家づくりを計画していく中で、ご本人が今後の生活を思い描き、周囲の専門家に相談しながら選択・決断していくというプロセス自体も、とても大事なのではないでしょうか。どんなに最新設備を搭載した家であっても、実際にそこに住む方の生活とマッチしていなければ機能しませんから。

阿部　まったく同意見です。バリアを取り除くことや設備の整備も必要ですが、本当に大切なのはこれからどんな人生を送りたいか、そのためにどんな家が必要なのかを一緒に考えることなんですよね。

村田　この意味では家づくりもリハビリも、生活スタイルを少しずつ組み立てていくための手立てになっていると思います。朝起きてから夜寝るまでの日常動作一つひとつが具体的にイメージできるようになれば、ご本人もそのご家族も安心して生活が送れるのではないでしょうか。

阿部　生活への不安が減ると将来の目標や希望が持てて、QOLも向上しますしね。だから「手すりをつけて、はいおしまい」というわけにはいかないのです。

村田　リハビリにおいても、QOLは最優先です。あくまでもADLは生活をしていくために必要な動作の指標ですので、これだけを向上・安定させても患者さんが理想とする暮らしは実現しません。

阿部　退院後の生活の質を上げるために、いろいろな選択肢を用意するのが我々の大切な役割ですね。それと同時に、将来のことを見据えた提案をしていくことも重要だと思います。そうすれば、今ある身体の機能を衰えさせないためにあえて段差を残したり、車いすになった時に備えてエレベーターを後付けできるスペースを確保したりといった対策も練ることができます。また災害への備えや、介護の負担を減らす工夫も必要です。

村田　災害対策は差し迫った問題ですね。実際に患者さんにお話を聞くと、避難所に行ったところでベッドもマットレスもなく、トイレもできないからとギリギリまで家にいる選択をする方がかなり多いです。

阿部　熊本地震でも、酸素吸入が必要な障害児が自宅の発電機を使って命をつないだという話を聞きました。こういった対策は必須なのですが、知識のない設計士は予算が足りなくなった時などに、その問題を安易に捉えて省いてしまうのです。また介護に関しても、ベッドの横に消耗品を収納できる棚がひとつあるだけでご家族や介護ヘルパーの負担がかなり減るのに、思い至らない設計士がほとんどですね。もっと言えば、先んじてご家族に提案しても理解していただけないことが多いです。

村田　介護の現場を見たことがある方なら消耗品の量とその収納スペース、作業中の具体的な手順や動線などを把握しているのですぐに飲み込めますが、これから介護を始める方の場合はプランニング段階で図面を見ただけではなかなか想像できないと思います。難しい問題ですね。

阿部　そうだと思います。ただ実際に介護が始まってみると、小さなひと手間が積もり積もって、いつの間にか潜在的な不満になってしまいます。改修に費用がかかるのは事実ですが、「バリアフリー化にはできるだけお金をかけない。その代わりに手間をかける」といった美徳があると、ご本人もご家族もいらざる負担を強いられます。これではいけないと私は思うんですよね。

バリアフリーコーディネーターが調整役に

村田　医療側からも今おっしゃったような提案をできるのが理想ですが、住宅に関しては誰も教えてくれませんし、みんな個々の経験値に頼るしかないのが現状だと思います。例えば理学療法士や作業療法士にしてみても、4年制大学で設けられている住宅改修の授業はたった数コマです。そのため、働きながら知識を蓄えていったという人のほうが圧倒的に多いんですよね。

阿部　私としても、患者さんの身体状態が将来的にどう変化するかといった情報は、医療の専門家にお話を聞かなければ得ることができません。だからこそ、お互いにキャッチボールできるような仕組みや制度が必要だと思うのです。

村田　まずはお互いにどのような情報が必要で、それをどのようなフォーマットで共有していくかというところからスタートする必要があると思います。あとは診療報酬が発生しないサービスを、どのように提供するかという課題もありますね。これに関しては、リハビリテーションの支援チームに一級建築士が在籍している横浜市総合リハビリテーションセンターの地域での取り組みが参考になるかもしれません。

阿部　その取り組みは大変興味深いです。病院が主体となって困っている患者さんと専門知識を持った建築士やバリアフリーコーディネーターをつないでくれたなら、バリアフリー住宅はもっと発展すると思います。

村田　外来の患者さんから「あの福祉用具を使い

たいんだけど、うちにはつけられますか？」といった相談を受けることがあるのですが、そうした時にも阿部さんのような調整役がいてくれたらとても助かります。現状ではメーカーさんに直接連絡していただくことが多いのですが、担当者に建築の知識があるとは限らないので、患者さんとしてもどこに相談するべきか迷うようです。

阿部　各専門家から情報を集めて整理するのはバリアフリーコーディネーターが得意としていることなので、お力になれると思います。また、私が接する患者さんの中には「入院中は手厚いサポートを受けられたのに、退院したら病院とのつながりが希薄になってしまい不安だ」と話される方も多いのですが、ここでもバリアフリーコーディネーターが間に入れば退院後の様子を病院にフィードバックする役割も担えるはずです。

村田　患者さんの退院後の情報がもっと集まれば病院内でデータベース化することもできますし、大変役立つと思います。バリアフリー住宅によって生活環境を整備することは二次障害の予防にもつながりますし、私個人の考えとしては医療の現場でバリアフリーコーディネーターや建築士の方々が活躍してくださることに大賛成です。

阿部　最先端のリハビリ現場にいらっしゃる村田先生にそう言っていただけると、とても心強いです。

村田　医療専門職は縦割りになりがちな組織のため、情報共有や連携がまだまだ欠けているんですよね。各専門家の意見を取りまとめてくれる調整役がいてくれたなら、議論が深まり、医療サービスの向上にもつながると思います。

阿部　ご期待に添えるよう、これからも邁進してまいります。本日はありがとうございました。

特別対談

有賀リエ×阿部一雄

『パーフェクトワールド』が描いた、これからのバリアフリー

Guest 有賀リエ氏

2011年に『天体観測』で第6回「KissIN」にてKissゴールド賞を獲得しデビュー。2014年「Kiss」2014年5月号～2021年5月号にて、脊髄損傷を負った男性との恋愛を描いた『パーフェクトワールド』(コミックス全13巻発売中)を連載し、第43回(2019年)講談社漫画賞少女部門を受賞。同作は2018年に実写映画化、2019年にテレビドラマ化され、世界13カ国でも翻訳出版されている。

『**パーフェクトワールド**』ストーリー

インテリア会社に就職した川奈つぐみは建築会社との飲み会で、高校の時の同級生であり初恋の人・鮎川樹《いつき》と再会する。樹にときめきを覚えるつぐみだったが、彼は車いすに乗る障がい者になっていた。「樹との恋愛は無理」。最初はそう思うつぐみだったが……。

突然舞い込んだ取材依頼

阿部　編集部を通じて私に「車いすの建築士が登場する恋愛漫画を描きたいので、取材をさせてもらえませんか」とご連絡をくださったのが、2013年10月でしたね。電話を取った社員から聞かされて、「何かの間違いじゃないのか」と半信半疑で電話を折り返したところ、本当に編集部につな

がって驚いたのを鮮明に覚えています。この企画はどのようなきっかけで始まったのですか？

有賀　新作を立ち上げるにあたって、編集部から「障がいを持つ人と恋をするラブストーリーはどうか」と打診されたのが始まりでした。その後、さまざまな障がいについて調べたところ、車いすでの生活とはどのようなものなのかとても興味を惹かれたんです。

阿部　男女どちらを車いす生活者にするかといったことや、職業を建築士にすることなどはそのあとで決まったのでしょうか？

有賀　そうですね。連載する雑誌「Ｋｉｓｓ」が女性向け漫画雑誌であることから、女性であるつぐみを主人公にすることだけは決めていましたが、当初は彼女を車いす生活者にする案もあったんです。でも作者である私自身が障がい当事者ではないので、「健常者であるつぐみの視点に立って、障がいについて描くべきではないか」と思い至り、樹を車いす生活者という設定にしました。それと同時に、「樹の職業は、私たちの生活に密着したものであってほしい。そうだ、建築士はどうだろう」とひらめいて、インターネットで検索したところ、まさに車いすの建築士である阿部さんがヒットしたんです。「ぜひこの方にお話をうかがいたい」と、すぐにご連絡させていただきました。

阿部　その後、編集部の担当さんと名古屋にいらっしゃって、3時間くらいじっくりお話ししましたね。「事実に基づいて描きたい」とのことでしたので、最初から脊髄損傷者のリアルな生活について包み隠さずお伝えしました。

有賀　初対面であったにもかかわらず、車いすで移動する際の問題といったお話だけでなく、排泄障がいや褥瘡などの合併症についても詳しく教えてくださいました。まったく知識がない状態でうかがったので、何も知らない身としては「車いす生活者の方は、こんなにもいろいろなリスクを抱えていらっしゃるんだ」と本当に驚くことばかりでした。

入念な取材に基づいたストーリー制作

阿部　どの描写も、障がい者である私が読んでもまったく違和感がないどころか、自分たちが日々感じている悔しさややるせなさ、心の葛藤がリアルに描かれていると深く感動しました。連載終了までの約7年間、何度もこちらに足を運ばれて丁寧に取材されていましたね。

有賀　阿部さんには、貴重なお話を数えきれない程うかがいました。物語に与えた影響は計り知れないと思います。

阿部　つぐみは樹のことを大切に思っているからこそ、どこまで手を貸すべきか迷い、樹は「自分の障がいがつぐみを不幸にする」と考えて助けを求められないといったすれ違いは、障がい者とそのパートナーやご家族の多くが一度は経験しているることです。またバスケットボールの強豪校に通っていた高校生・晴人が、突然車いす生活になったことで生きる希望を失い、引きこもりになってしまう姿は受傷直後の自分と重なりました。

有賀　物語を生み出す際には、阿部さんや、阿部さんにご紹介いただいた車いす生活者の方々のお話が本当に参考になりました。取材前にあらかじめストーリーの流れを考えていたとしても、実際にお話を聞いて実態とかけ離れていたならば、事実に沿った形に作り変えることもありましたね。「ドラマチックなストーリー展開にするために、事実を捻じ曲げるようなことだけはしない」と心に決めていました。

阿部　その姿勢が、作品に説得力を持たせたのでしょうね。建築士の視点では、進行性の重い病気を患っている車いす生活者の楓と、そのパートナーである圭吾の家を樹が設計するエピソードが印象的でした。自分が余命いくばくもない状態であることを自覚している楓は、一緒に住む家を建てようという圭吾の申し出を当初拒絶し、樹も「彼女が望んでいないのなら、設計をお受けすることはできない」と断ってしまいますよね。こういった障がい当事者とご家族との意見の相違は、私が設計を手掛ける場でもよく見る光景です。

有賀　つぐみが樹以外の車いす生活者と出会うエピソードを描きたいと考えていたちょうどその時

に、阿部さんからあるご家族をご紹介いただき、そこでうかがったお話がヒントになりました。

阿部　みなさん「こんなに感動的に描いてくださった」と感激されていましたよ。私が設計を手掛けた、ご夫婦のお住まいも見ていただきましたね。実際にご覧になっていかがでしたか？

有賀　私の中に「バリアフリー住宅は機能性が優先される代わりに、デザイン的な面が制限されてしまうのではないか」という勝手な思い込みがあったのですが、温かな雰囲気の自然素材の家で、イメージが一変しました。また障がいを持つご本人だけでなく、一緒にお住まいになるご家族の快適性もきちんと考えられているのにも驚きましたね。バリアフリー住宅は障がい者だけでなく、すべての住人に優しい住まいなんだと実感しました。

阿部　ご家族全員が住みやすい家であることが、私の設計のこだわりなんです。これをないがしろにしてしまうと、障がい者のことを思うあまりに一番日当たりの良い部屋を障がい者の居室にして、ご家族は暗くて狭い部屋で不自由しながら生活している、なんてことが起こってしまいますから。

障がい者と健常者がともに生きる世界へ

阿部　取材時は私のほうからどんどんネタをお渡しすることが多かったので、お話をつくられる時に混乱されないか心配でした。

有賀　阿部さんはいつも「現実的で、ストーリーにギリギリ入れ込める！」という絶妙なエピソードを教えてくださいました。また取材をしていく中で、建築士は衣食住の「住」を通じて生活の基盤すべてを整えるお仕事であることにも気づきました。樹を建築士という設定にしたおかげで、車いす生活者の日常を自然に描くことができました。ご指南くださった阿部さんに感謝です。

阿部　私も有賀さんと巡り合えたことにとても感謝しています。自分の考えや情報を発信する機会をいただいて、一歩前に踏み出せたんですよね。さらに有賀さんは、それらを恋愛漫画に盛り込んで世の中に送り出してくださいました。先日も、設計に協力した社会福祉施設で、利用者の女の子に「阿部さんは『パーフェクトワールド』のモチーフなんですか？　私、大好きで全巻持ってますよ！」と言われましたが、周囲の車いす生活者からも感動の声をたくさん聞きましたよ。私たちに夢や希望を与えてくれる作品です。

有賀　それは何よりもありがたいお言葉です。実は、連載当初は障がいを描くことに恐怖感があったんです。単純に漫画家としてのキャリアも浅かったですし、阿部さんにお会いするまで車いす生活者の方と接点がなかったので、「こんな風に描いて、車いす生活者の方々が読んだらどう思われるのだろう」ということが何よりも心配でした。今思い返すと、私の中に障がいに対して腫れ物に触るような感覚があったんだと思います。

阿部　単純に、どう接していいのか分からないんですよね。物語の中でも、障がいに対して不安や戸惑いを感じていたつぐみが、樹をはじめとする車いす生活者との交流を通じて少しずつ理解を深めていく様子が描かれていましたが、それは有賀さんご自身の姿だったのかもしれませんね。

有賀　そうだと思います。特に樹の摘便シーンは、「車いす生活者の方々から〝描いてほしくなかった〟と反発があるのでは」と恐る恐る描いたのですが、それを読んだ取材協力者のおひとりが「やっと描いてくれましたね！」とおっしゃってくださったんです。その言葉を聞いて「タブー視していたのは、誰でもない私だったんだ」とハッとして。連載する中でそういった経験を繰り返すうちに、だんだんと私の中で障がいが特別なものではなくなっていきました。

阿部　今おっしゃったことがまさに、障がい者を特別視するのではなく、健常者と同様の生活ができる社会にしようという「ノーマライゼーション」の考え方です。物語が進むにつれて、私自身の中にも「障がい者と健常者は別の世界で生きている」という感覚が残っていることに気づかされました。障がいを受容するのには、なかなか時間がかかるんですよね。実際に私も家族も何年もかかりました。

有賀　ご家族といえば、阿部さんの3人のお子さんのうち、お父さんが健常者だった時を知っている上のおふたりと、物心ついた時から車いす生活者だった末のお子さんとでは、障がいの受容性がまったく違うというお話をうかがったことを思い出しました。末のお子さんはお父さんが車いすであることが当たり前だそうですね。

阿部　そうなんです。毎年、障がいについて講演を行っている小学校にも、車いすの生徒さんが必ずひとりはいるのですが、周囲の子どもたちはごく自然に接していますね。私と一緒にいても特別扱いしないんです。エレベーターを設置する学校も少しずつ増えていますし。

有賀　この連載を始めてから、街に出ると段差や階段に自然と目がいくようになったのですが、新しい施設には障がい者の方も使いやすいトイレが設置されるようになりましたよね。通常のトイレの一角に広めの個室が数個あったり、オストメイトの方に対応していたり。

阿部　自分ひとりでトイレに行けたり、移動できる動線があったりさえすれば、障がい者であっても健常者と変わらない生活ができる人も多いんですよ。少しずつですが、社会が変わってきているのを感じます。私の夢は、バリアフリー化が当たり前になって「バリアフリー」という言葉が死語になることなんです。有賀さんはどう思われますか？

有賀　最終回で樹が未来の希望について語るシーンには、阿部さんのその想いを込めさせていただきました。取材時にうかがって私も強く共感を覚えましたし、作品にも障がい者と健常者がともに生きられる世界をつくりたいという願いを込めました。

阿部　まさに『パーフェクトワールド』は、障がい者や高齢者をありのまま受け入れる社会づくりを後押しする作品だと思います。私にとっても今後の人生の糧になる体験をたくさんさせていただきました。本当にありがとうございました。

あとがきにかえて

2020年、新型コロナウイルスの感染拡大と緊急事態宣言の発令に伴い、多くの企業がテレワーク（在宅勤務）を導入しました。働き方改革の一環として始まったテレワークは、コロナ禍を受けて一気に進展しましたが、実際にご家族がいる自宅で仕事をしてみると「予想以上に大変だった」「思うようにいかない」と感じた方も多いのではないでしょうか。

この新しい生活様式は、家づくりにも大きな変化をもたらしています。ニューノーマルな住まいは「家に帰ったらすぐに手を洗えるように、玄関近くに洗面所を設置したい」「テレワーク専用のスペースを確保したい」「家の換気性能を向上させたい」「家族それぞれの自由時間や趣味を生かせる空間を設けたい」「非対面で宅配を受け取りたい」といった多種多様なニーズに応えるものでなくてはいけません。

阿部建設でも、これまで以上にご依頼主の要望を盛り込んだ設計を行うと同時に、数年前から導入していたオンラインでの打ち合わせや、ＦＡＸや電話ではなくクラウドストレージで行う現場との情報共有といったＩＴ活用をさらに進めています。

しかしながら時代における大きな転換期においても、阿部建設が掲げる「うつくしい暮らし、ゆたかな時間。my home is my life」という理念は揺るぎません。我が家とは、一度きりの人生を過ごす場所。ご依頼主が何を美しいとするのか、それを一軒一軒丁寧に形にする家づくりをこれからも続けていきます。

それと同時に、これからどのように身体が変化しようとも大きな夢を描き続けたいという想いがあります。それというのも、車いす生活になってから私には「もう一度大好きなオートバイで風を切って走りたい」という大きな夢がありました。医療技術が飛躍的に進歩したとはいえ、体幹が機能しない私にとってバイクに座ることは容易なことではありません。

ところが２０２１年6月28日、鈴鹿サーキットで身体障がい者を対象にしたオートバイのライディング体験イベントが開催されることになり、「阿部さんも参加しませんか」とお声掛けいただいたのです。同イベントを主催した「一般社団法人サイドスタンド プロジェクト（ＳＳＰ）」は、元ＷＧＰ（ロードレース世界選手権）ライダーで、24歳の若さで脊髄を損傷し下半身不随となってしまった車いすのレーシングドライバー・青木拓磨さんのライダー復帰計画を契機に立ち上がった非営利支援団体で、同じく世界グランプリで活躍した兄の宣篤さんと弟の治親さんが中心となって活動を行っています。レースファンであれば、青木三兄弟を知らない人はいないでしょう。私もそのひとりで、私個人の公式Youtube「『車いす建築士』阿部一雄 バリアフリーチャンネル」にて、琢磨さんと対談させていただいたことが縁で参加する運びとなりました。

当日は私を含む5人の障がい者を走らせるために、40人余りのボランティアの方々に集まっていただき、鈴鹿サーキット全面協力で準備が進められました。始めに補助輪のついたバイクでバランスを取り戻す練習を繰り返したあと、みなさんに抱えられてついにバイクに乗車しました。小雨が降る中、夕方にはいよいよ本コースへ。25年前に同じレースでしのぎを削っていた現役ライダー・寺本幸司さんに先導してもらいながら、最終的には直線を210kmで駆け抜けました。みなさんのおかげで風を切る楽しさを再び感じることができ、感感謝の念に堪えません。

次なる私の夢は、「バイク好きによる、バイク好きが暮らす家づくり」です。ゆくゆくは次世代に会社を譲り、愛車とともに暮らせる住まいづくり専門のバイカー設計士として第二の人生を歩むことを夢想するのが、今の私の活力源です。

鈴鹿でのライディング体験イベントにて青木拓磨さんと
写真提供　一般社団法人SSP

末筆ではございますが、出版に際して医療者の立場からバリアフリーの可能性についてご提言をいただきました村田知之様、クリエイターの視点で障がいへの熱い想いを語ってくださった有賀リエ様、帯に言葉をお寄せくださった松坂桃李様に厚く御礼申し上げます。本書を手に取ってくださったみなさまの「心のバリアフリー」が実現することを心から願っています。

２０２１年９月某日　阿部一雄

ブックデザイン　山原 望

撮影
岡村靖子（p11、41、47下、71、75、105、131、口絵p2、3、4）、
繁田 諭（口絵p1）、佐治秀保（p29）、原 常由（p37）、平井基一（p51）
阿部建設株式会社（上記以外）

構成協力　岡橋香織

阿部一雄　あべ　かずお

阿部建設株式会社代表取締役社長。１９６４年愛知県名古屋市生まれ。１９８７年に中部大学工学部建築学科を卒業後、愛知トヨタ自動車株式会社に入社。その後１９８９年から家業を継ぐため阿部建設株式会社に入社。２００２年に趣味であるオートバイレース中の事故により車いす生活を始める。２００５年阿部建設創業１００周年の年に5代目代表取締役に就任。

著書には『木の家と太陽と車いす』（円窓社）がある。

阿部建設株式会社ＨＰ　https://www.abe-kk.co.jp

車《くるま》いすの一級《いっきゅう》建築士《けんちくし》が教《おし》える
ほんとうのバリアフリー建築《けんちく》

二〇二一年一一月一八日　第一刷発行
二〇二二年　二　月一七日　第二刷発行

著　者　阿《あ》部《べ》一雄《かずお》
発行者　堺　公江
発行所　株式会社講談社エディトリアル
郵便番号　一一二-〇〇一三
東京都文京区音羽　一-一七-一八　護国寺ＳＩＡビル六階
電話　代表：〇三-五三一九-二一七一
販売：〇三-六九〇二-一〇二二
印刷・製本　株式会社新藤慶昌堂

ISBN978-4-86677-090-1